Werner Milstein

Selig sind, die Frieden stiften

Friedensnobelpreisträger

Agentur des Rauhen Hauses Hamburg

Inhalt

Der Friedensnobelpreis

Ein Jahr vor seinem Tod 1896 gründete Alfred Nobel mit seinem Vermögen eine Stiftung, die aus den Zinsen des Kapitals jährlich fünf Preise vergeben sollte. Am Todestag Nobels, am 10. Dezember, überreicht der schwedische König in Stockholm alljährlich die Auszeichnungen für herausragende Leistungen in den Bereichen der Physik, Chemie, Medizin und Literatur. In Oslo dagegen überreicht der norwegische König jedes Jahr den Friedensnobelpreis.
Alfred Nobel hatte in seinem Testament verfügt, dass der Friedenspreis „demjenigen oder derjenigen, der oder die am meisten oder besten für die Verbrüderung der Völker gewirkt hat und für die Abschaffung oder Verminderung der stehenden Heere sowie für die Bildung und Austragung von Friedenskongressen“ zukommen soll. Auch wenn manche Entscheidungen bisweilen heftig kritisiert wurden, so ist seine Bedeutung weltweit anerkannt.
Wenn auch unter den 95 Personen bislang nur zwölf Frauen als Preisträgerinnen zu finden sind, so ist doch in keiner der fünf Rubriken der Frauenanteil so hoch. Außerdem erhielten 21 Organisationen die Auszeichnungen. 1901 wurde Henry Dunant, dem Gründer des Roten Kreuzes, die hohe Ehre zuteil. Er war der erste Preisträger.
Bei der Auswahl der Personen für diesen Band wurde Wert darauf gelegt, dass jeder Nobelpreisträger exemplarisch für einen Kontinent beziehungsweise eine Bewegung steht, sodann wurde auf eine größtmögliche Ausgeglichenheit von Männern und Frauen geachtet, und nicht zuletzt war von Bedeutung, ob ihr Handeln aus ihrem Glauben heraus geschah. Unter den zahlreichen Preisträgern befinden sich nur zwei Deutsche, Carl von Ossietzky und Willy Brandt. Sie durften in diesem Band auf keinen Fall fehlen.
Dieses Buch entstand in enger Zusammenarbeit mit meinen beiden Kindern Alexander und Ricarda. Ohne ihre Mithilfe hätte dieser Band so nicht geschrieben werden können.

Die Waffen nieder! Sagt's vielen, vielen

Bertha von Suttner (1843 - 1914)

Es gehörten Mut und Idealismus dazu, sich gegen die Mächtigen zu stellen und sich gegen den Zeitgeist aufzubäumen. Als zu Beginn des 20. Jahrhunderts ganz Europa auf einen zerstörerischen Krieg zusteuerte und die Rüstungsindustrie immer neuere, noch effektivere Vernichtungsmaschinen entwarf, versuchte eine Frau aus Österreich die herannahende Katastrophe aufzuhalten. Mit ihrem Leitspruch „Die Waffen nieder" bereiste sie den ganzen Kontinent, um eine Allianz für den Frieden zu schmieden. Sie veröffentlichte Artikel, organisierte Kongresse und warnte Politiker, immer die Vernichtung der Zivilisation vor Augen.

Diese Courage war Bertha von Suttner allerdings nicht in die Wiege gelegt worden. Am 9. Juni 1843 wurde sie als Gräfin Kinsky geboren, sie gehörte also zur Aristokratie und damit zur „Gesellschaft". Ihre Jugend verbrachte sie vornehmlich auf Festen und Bällen, in Oper und Theater. Ihr Leben war sorgenfrei und vom Müßiggang geprägt, der Adel schwelgte im Luxus. Doch dieses Leben stellte sich vor allem als Heiratsmarkt heraus, bei dem jeder versuchte, eine gute Partie zu machen. Bertha von Suttner hatte jedoch den Makel, dass sie nicht zum exklusiven Hochadel gehörte. So hatte die junge Frau kein Glück, zwei Verlobungen scheiterten kläglich. Als dann das Vermögen durch die Spielsucht der Mutter aufgebraucht war, musste die mittlerweile 33-Jährige sich um eine Anstellung bemühen.

Durch Zufall kam sie zu dem Erfinder des Dynamits, Alfred Nobel, der eine Sekretärin suchte. Der Chemiker war durch seine Erfindung zu einem der reichsten Männer der Erde geworden, seine Fabriken produzierten das Material für die Schlachtfelder der Welt. Doch Nobel war ein Idealist, der den Krieg verachtete. Er glaubte deshalb, mit seiner Erfindung eine so mächtige Waffe geschaffen zu haben, dass die Menschheit vom Kriegführen abgeschreckt würde. Die gebildete Bertha von Suttner diskutierte mit Nobel ausgiebig über Krieg und Frieden, und die langjährige Korrespondenz der beiden sollte sich noch als eine große Inspirationsquelle erweisen.

Dennoch kündigte von Suttner ihre Anstellung nach kurzer Zeit, denn die Liebe zu ihrem späteren Ehemann Arthur war stärker als der Wunsch nach einer gesicherten Existenz. Mit ihrem Gatten, um dessen finanzielle Verhältnisse es auch nicht besser bestellt war, zog sie zunächst in den Kaukasus, kehrte aber 1885 nach Österreich zurück. Um das Familieneinkommen aufzubessern, fing sie an, kleinere Geschichten zu veröffentlichen. Hierbei kam ihr zugute, dass sie bereits als Jugendliche gern und sehr viel gelesen hatte. Mit dem literarischen Werk ihrer Zeit im Hinterkopf entwickelte sie ein eindrucksvolles schriftstellerisches Talent.

Hinzu kam, dass von Suttner begann, sich für Politik zu interessieren. Insbesondere der aufkommende Pazifismus zog sie in seinen Bann. Als sie das erste Mal von einer organisierten Friedensbewegung hörte, war sie begeistert. Doch noch war diese Entwicklung, die 1864 mit der Gründung des Roten Kreuzes begonnen hatte, in den Anfängen noch unorganisiert und auf viele kleine Gruppierungen verteilt.

Bahnbrechend wirkte da das Werk von Bertha von Suttner, das im Jahre 1889 Europa aufhorchen ließ. Der Tatsachenroman mit dem programmatischen Titel „Die Waffen nieder!" verknüpfte fiktive Handlungen mit sorgfältig recherchierten Schilderungen der Geschehnisse auf den Schlachtfeldern dieser Epoche. Bewusst setzte die Verfasserin der kaiserlichen Propaganda über Ruhm und Heldentod die detaillierten und drastischen Beschreibungen der Grausamkeiten des Krieges entgegen. Intensiv schilderte die Autorin die Tragödie fernab der Siegesmeldungen und zeigte meisterhaft, dass hinter den Triumphen der Feldherren Tausende von Einzelschicksalen einfacher Soldaten stehen, die einen ungeheuren Preis für die Herrschsucht der Obrigkeit zahlen müssen.

Die Provokation erwies sich als überwältigender Erfolg. Das Buch wurde in zwölf Sprachen übersetzt und erlebte 37 Auflagen. Nun hatte die Pazifistin den Bekanntheitsgrad, um die Friedensbewegung zu neuen Ufern zu führen. Doch dazu musste die Schriftstellerin den Schreibtisch verlassen und die Bühne der Politik betreten. Dies war jedoch in einer Zeit, in der Frauen noch nicht einmal wählen, geschweige denn für ein Amt kandidieren durften, ein mehr als wegweisender und mutiger Schritt. Doch die Umstände ließen kein Zögern zu. Die Lage in Europa hatte sich zugespitzt. Kaiser Wilhelm II. betrieb gemeinsam mit Österreich eine Politik der Eskalation mit den Weltmächten England, Frankreich und Russland, die zu einer Blockbildung führte. Darüber hinaus begannen sämtliche Staaten, ihre Armeen mit den neuesten Erfindungen der Rüstungsindustrie, darunter Maschinengewehre, Sturmgeschütze und Kampfflugzeuge, auszustatten.

Bertha von Suttners Initiative führte schnell zu ersten Resultaten. Der Gründung der Österreichischen Friedensgesellschaft 1891 in Wien folgte der erste internationale Auftritt auf dem Friedenskongress in Rom. Neben den zahlreichen Zusammenkünften gelang es ihr auch, zahlreiche Fürsprecher und Spender zu gewinnen. Unter ihnen

war auch jener Alfred Nobel, der trotz großer Skepsis bereit war, die neue Bewegung finanziell zu unterstützen. Weiterer prominenter Beistand kam von Zar Nikolaus II., der in einem Manifest sensationelle Vorschläge zur Abrüstung machte. Doch der von strategischen Interessen begleitete Vorstoß wurde nicht lange aufrechterhalten, und so ging das Wettrüsten mit unverminderter Geschwindigkeit weiter.

Große Hoffnung versprach ein Ereignis im Jahre 1899. Anstatt nur Pazifisten und Idealisten zu Kongressen zu versammeln, wurden nun mächtige Politiker und Juristen aus 26 Nationen nach Den Haag eingeladen, um die erste internationale Friedenskonferenz abzuhalten. Erstmals hatte ein Treffen die politische Legitimation, bindende Entscheidungen im Sinne des Friedens zu treffen. Doch die Zeit war noch nicht reif für den Geist der Völkerverständigung, und so endete die Konferenz mit einem Formelkompromiss ohne Wirkung – ebenso wie die zweite internationale Friedenskonferenz im Jahre 1907.

Mit ihrem Einsatz hatte Bertha von Suttner aber zumindest ihren ehemaligen Chef umstimmen können. In seinem Testament verfügte Alfred Nobel, dass aus seinem Nachlass eine Stiftung zu gründen sei, die alljährlich die Person auszuzeichnen habe, die sich am meisten für den Frieden verdient gemacht hatte. Nun war unschwer zu erkennen, wen der Chemiker dabei im Blick gehabt hatte, und so erhielt Bertha von Suttner im Jahre 1905 den Friedensnobelpreis und damit die gebührende Anerkennung für ihr aufopferungsvolles Werk.

Den Lauf der Dinge vermochte diese Ehrung jedoch nicht mehr aufzuhalten. Die Balkankriege kündigten 1912 die bevorstehende Katastrophe bereits an. Aber Bertha von Suttner sollte den Ausbruch des Ersten Weltkrieges, der ihre schlimmsten Befürchtungen bewahrheitete, nicht mehr erleben. Sie starb am 21. Juni 1914, eine Woche bevor das Attentat auf den österreichisch-ungarischen Thronfolger Franz Ferdinand die Katastrophe auslösen sollte.

Dennoch war ihr Einsatz nicht vergebens, denn nachdem der Weltkrieg die Völker entzweit hatte, wurde an die Friedensbewegung angeknüpft und mit dem Völkerbund eine Institution geschaffen, die dem Weltfrieden verpflichtet war.

*Nach „lieben" ist „helfen"
das schönste Zeitwort der Welt.*

Vater der Ökumene

Nathan Söderblom (1866 - 1931)

Jesus Christus war eine einmalige Persönlichkeit, unzählige Kirchen und Religionsgemeinschaften berufen sich in unterschiedlicher Weise auf seinen Namen. Während der letzten 2000 Jahre haben sich zahlreiche Glaubensrichtungen gebildet und abgespalten. Selbst die drei großen Konfessionen römisch-katholisch, evangelisch und orthodox ließen sich noch weiter untergliedern.

Doch obwohl das gemeinsame Bekenntnis die Glaubensbrüder und -schwestern eigentlich vereinen sollte, lieferten die Unterschiede Anlass für die grausamsten Kriege. Auch in der Moderne hatte sich das noch nicht geändert. Immer noch zogen Christen gegen Christen in den Krieg.

Ein junger schwedischer Geistlicher wollte sich mit diesem Missstand nicht länger abfinden. Ausgehend davon, dass die Völker mehr eint als trennt, war er davon überzeugt, dass das Christentum die Macht hat, mit der Kraft der Liebe den Weltfrieden herbeizuführen.

Jener Mann wurde am 15. Januar 1866 als Lars Olof Jonathan Söderblom im schwedischen Trönö geboren. Sein Vater war ein protestantischer Landpfarrer, der in den umliegenden Dörfern predigte. Er war dort unter dem Namen „Barfußpastor“ bekannt, was an seiner enthaltsamen, sparsamen und naturverbundenen Lebensweise lag. Auch sein Sohn blieb daher von harter Feldarbeit und stetiger Bibelkunde nicht verschont. Doch dies formte erst Nathan Söderbloms fleißigen und strebsamen Charakter. Und da im Pfarrhaus auch viel gelacht wurde, hatte er eine erfüllte Kindheit.

Wie sein Vater begann er, Theologie und Philosophie zu studieren. Dazu schrieb er sich an der Universität von Uppsala, der ältesten Universität Schwedens, ein. Doch nach kurzer Zeit erfasste auch den jungen Studenten die tiefe Krise, welche zur Jahrhundertwende die Theologie in ihren Grundfesten erschütterte. Zu lange hatten sich die Gelehrten der Realität verschlossen und nur unbeweglich an ihren Dogmen gehangen – nun wagte die sogenannte historisch-kritische Forschung den Aufstand. Demnach war auch die Bibel wie jedes normale historische Buch mit Methodik zu erforschen, ohne auf das Göttliche in der Schrift zu achten. Dies war zwar unerhört, bedeutete aber lediglich eine zeitgemäße Quellenforschung. Daher schloss sich Söderblom dieser Strömung an. Er war kurz davor, ganz seinen Glauben zu verlieren. Doch er fand den Weg zu Christus zurück, und danach war sein Glaube stärker als je zuvor. Er hatte wie einst Martin Luther die akademischen Abhandlungen beiseitegelegt und nur auf das Kreuz geschaut: Er stellte Jesus Christus ganz ins Zentrum und besiegte so seine Zweifel.

Nun stand seiner glänzenden akademischen Karriere nichts mehr im Wege. Nach der Promotion 1901 an der Sorbonne wurde er noch in demselben Jahr Professor für Religionsgeschichte in Uppsala und später auch in Leipzig. Aber sein Wirken war nicht nur auf akademische Zirkel beschränkt. Im Gegenteil, schon früh hatte er die praktische Seite des Glaubens verinnerlicht. So ließ Söderblom die Armut und das Elend der Fabrikarbeiter zu Beginn der Industrialisierung nicht los und erkannte in der Bibel die Lösung. Die Bergpredigt legte er als den Auftrag zu sozialem Fortschritt aus: Das Christentum muss die Bekämpfung der Armut vorantreiben. Dies stellte bis zu seinem Lebensende sein persönliches Handlungsmotiv dar.

Darüber hinaus hatte er sich bereits als Student im studentischen Missionsverein engagiert und war so 1890 Gast bei der internationalen christlichen Studentenkonferenz in den Vereinigten Staaten. Dieses Gemeinschaftserlebnis und die Begegnung mit den Glaubensbrüdern und -schwestern anderer Länder prägte ihn sehr und seitdem ließ ihn die Thematik nicht mehr los. Er hatte die Ökumene, die weltweite Einheit der Christen, erlebt und war von ihr in den Bann gezogen. Von dem Vorsitz des CVJM führte dann sein Weg über das Pfarramt in Paris und Uppsala bis zur Ernennung zum Erzbischof von Schweden und damit zum Oberhaupt der schwedischen Kirche im Jahre 1914. Seine Ernennung war eine große Überraschung, schließlich war er aufgrund seiner modernen Ansichten von konservativen Kreisen stark kritisiert

worden. Doch seine Kraft als Versöhner überzeugte den König von Schweden, der das Vorschlagsrecht hatte. Nun konnte Söderblom seine Vision vom friedlichen Miteinander der Völker verwirklichen.
Doch der Zeitgeist war nicht von Versöhnung und Liebe, sondern von Krieg und Hass geprägt. Noch im Jahr seiner Ernennung zum Erzbischof brach der Erste Weltkrieg aus. Söderblom versuchte alles in seiner Macht stehende, um die Zerstörung und Vernichtung aufzuhalten, doch seine mahnenden Worte verhallten ungehört. Zu sehr waren auch die Kirchenführer der anderen Nationen in die Politik involviert, als dass sie der Barbarei Einhalt gebieten konnten. So versuchte Söderblom, zu helfen, wo er helfen konnte und setzte sich insbesondere für notleidende Kinder und Kriegsgefangene ein. Bemerkenswert ist hierbei, dass er auch als hoher Würdenträger keinen

Nathan Söderblom auf einer ökumenischen Konferenz 1925 in Stockholm

Wert auf die strenge Hierarchie der Kirche legte und im Gegenteil selbst mit anpackte. Er hatte seine Wurzeln als Sohn eines Landpfarrers nicht vergessen und wusste daher über die Nöte und Sorgen der unterprivilegierten Teile der Bevölkerung bestens Bescheid.
Erst mit Ende des Ersten Weltkrieges konnte er seine Vision weiterverfolgen. Besonderen Wert legte er darauf, den Austausch mit den anderen Nationen voranzutreiben und knüpfte beispielsweise enge Freundschaften mit den Friedensaktivisten Albert Schweitzer und Dag Hammarskjöld. Doch die Pläne des Erzbischofs gingen noch darüber hinaus. Er wollte einen großen Kongress veranstalten, um alle Christen zusammenzubringen und so die Gräben, die der Erste Weltkrieg gezogen hatte, zu überwinden. Aber seine Bemühungen waren zunächst vergeblich, er erlitt nur Rückschläge. Doch dann hatten seine unermüdlichen Einladungen endlich Erfolg: Im August 1925 folgten mehr als 600 Delegierte sämtlicher Konfessionen aus 37 Ländern seiner Einladung nach Stockholm. Somit versammelten sich Christen aus der ganzen Welt unter dem Leitmotiv „Life and Work“ (deutsch: „Weltkonferenz für Praktisches Christentum“) zur ersten Weltkirchenkonferenz. Nur die katholische Kirche versperrte sich der Ökumene. Doch wie erreichte es Sönderblom, die unterschiedlichen Auffassungen und Meinungen in Glaubensfragen zu moderieren und die Veranstaltung zu so einem großen Erfolg werden zu lassen? Indem er bewusst die dogmatischen Streitpunkte ausklammerte, gelang es ihm, das gemeinsame Bewusstsein für den Glauben an Jesus Christus zu schärfen und damit den Grundstein für eine intensive Zusammenarbeit zu legen, die 1948 in den Ökumenischen Rat der Kirchen mündete.
Somit hatte sich Söderblom den Friedensnobelpreis, der ihm 1930 verliehen wurde, redlich verdient. Er hatte sein ganzes Leben dem Weltfrieden gewidmet, über sechshundert Werke veröffentlicht und keine Strapazen gescheut. Nun konnte sein Körper die immense Arbeitsbelastung nicht mehr ertragen, und so starb Söderblom am 12. Juli 1931. Sein Werk jedoch sollte auch noch nach seinem Tod Früchte tragen: Mittlerweile ist die Ökumene zu einer dynamischen, wirkungsvollen Bewegung herangewachsen.

Heilige sind Menschen,
durch die es anderen leichter wird,
an Gott zu glauben.

Friede für immer

Carl von Ossietzky (1889 - 1938)

Immer wieder hatten Freunde versucht, Carl von Ossietzky zur Flucht zu bewegen. Das war noch bevor die Nationalsozialisten die Macht im Deutschen Reich ergriffen hatten. Es war deutlich spürbar, dass sich das politische Klima verändert hatte. Gegen Ende der zwanziger Jahre wurden Rechtsextreme immer milder bestraft, während Kommunisten schärfstens verurteilt wurden. Doch von Ossietzky harrte aus. Obwohl er wusste, dass er am Ende doch von der Gestapo verhaftet werden würde, blieb er.

Vielfach ist gerätselt worden, warum von Ossietzky nicht versucht hat, seinem Verderben zu entgehen. Aber eben dies zeichnete ihn aus und macht ihn so verdienstwürdig als Nobelpreisträger. Er erkannte, dass er in dem eigenen Land als „lebendiger Widerstand" eine viel größere Gefahr darstellen könne. Als politischer Kritiker mit scharfem Intellekt und gestochener Feder, der unbeirrt und beherzt für den Frieden eintrat, war er eine Gefahr, die es aus Sicht der Nationalsozialisten sofort auszuschalten galt. Von Ossietzky war damals der Herausgeber der meistgelesenen Tageszeitung Deutschlands, der berühmten „Weltbühne".

Zu Beginn seines Lebens war ein solcher Werdegang nicht vorauszusehen. Als er am 3. Oktober 1889 in Hamburg geboren wurde, standen die Vorzeichen äußerst ungünstig. Geldsorgen hatten seinen Vater Carl Ignatius von Ossietzky und seine Frau Rosalina Marie Pratzka aus Oberschlesien ins Hamburger Gängeviertel getrieben, das zur damaligen Zeit ein regelrechtes Sammelbecken für Zuwanderer war. Hier fand der Vater zwar auch bald eine Stelle, doch lange währte das Glück nicht: Nur zwei Jahre nach seiner Geburt verlor Carl von Ossietzky seinen Vater durch einen Herzinfarkt, seine Mutter heiratete Jahre später den Bildhauer und Holzschnitzer Gustav Walther. Sein Verhältnis zu dem Stiefsohn war gut, durch ihn lernte der junge von Ossietzky die politische Bühne kennen.

In seiner Jugend war das Gängeviertel durch den hohen Arbeiteranteil eine Bastion der SPD, die energisch versuchte, die elende Lage der Arbeiter zu verbessern. Zwei Persönlichkeiten, die Pazifistin und spätere Friedensnobelpreisträgerin Bertha von Suttner sowie der Sozialdemokrat August Bebel, der für ein verantwortungsbewussteres Handeln eintrat, haben ihn damals besonders geprägt.

Die Chance, die privilegierte Rumbaumsche Schule durch die Fürsprache eines Senators besuchen zu dürfen, konnte er nicht nutzen. Drei Mal fiel er durch das Abschlussexamen, dann musste er sich der bald verhassten Tätigkeit des Gerichtsschreibers zuwenden. Neben diesem Broterwerb machte er seine ersten Gehversuche auf dem literarischen Parkett, indem er Artikel für die Zeitung „Das demokratische Wochenblatt“ verfasste, und er trat, wenngleich nur kurzzeitig, in die politische Bewegung „Das demokratische Volk“ ein.

Auch seine zukünftige Frau, die Engländerin Maud Hester Lichtfeld-Woods, war politisch engagiert. Sie half ihm, seine anfängliche Schüchternheit gegenüber Frauen zu überwinden. Sobald sie konnte, war sie aus ihrer gutbürgerlichen Familie geflohen und durch Europas Hauptstädte gereist. Als Mitglied der Suffragetten, entschiedene Kämpferinnen für die Rechte der Frauen in England, hatte sie auch schon einmal Parteiversammlungen gestürmt, um die Lebensbedingungen der Frauen zu verbessern, und war dafür ins Londoner Polizeigefängnis geworfen worden. Die Verlobung erfolgte mehr auf ihre Initiative hin, da von Ossietzky es wegen seines bescheidenen Gehalts nicht wagte, ihr einen Antrag zu machen. Maud jedoch bot an, mit Englischunterricht die Geldmittel zu verbessern und wurde so am 19. August 1913 Ossietzkys Frau. In diese Zeit fällt auch der verstärkte Ausbau seiner literarischen Tätigkeiten, die ihm wiederholt Schwierigkeiten mit dem Gesetz einbrachten.

Mit dem Herannahen des Ersten Weltkrieges wurde Deutschland zunehmend sensibel für Kritiken am Militarismus. Eine Einberufung an die Front konnte auch der Pazifist von Ossietzky nicht verhindern. Zwar wurde er zu Kriegsbeginn wegen seines Gesundheitszustandes ausgemustert, doch mit dem Voranschreiten des Krieges ließ sich die Einberufung nicht mehr verhindern.

Hier erlebte er die Grauen des Krieges am eigenen Leib und sah seine schlimmsten Vermutungen bestätigt. Während dieser Zeit schrieb er weiter kritische Artikel, in denen er von dem Gräuel des Krieges berichtete und ebenso einen Stimmungsumschwung miterlebte. Die anfängliche Kriegseuphorie verkehrte sich ins Gegenteil. Aus patriotischem Kämpfergeist wurde Resignation über das sinnlose Abschlachten: „Mit rohem Gebrüll, alle Pforten einstampfend, so brach der Krieg in das alte Erdenhaus ein. Schüchtern, durch die Hintertür, tritt die Menschlichkeit wieder ein.“

Mit Kriegsende entschloss sich von Ossietzky endgültig für eine Laufbahn als Journalist und sah in dem neuen republikanischen Deutschland das richtige Fundament für eine fruchtbare Arbeit. Geldsorgen lasteten schwer auf dem Ehepaar, besonders weil es das erste (und einzige) Kind erwartete. Da kam das Angebot, Sekretär bei der deutschen Friedensgesellschaft in Berlin zu werden, gerade passend. In der Hauptstadt war von Ossietzky am Puls des Geschehens und erlebte politische Ereignisse aus nächster Nähe. Deutlich wurde ihm hierbei die Instabilität der jungen Republik bewusst. Auch in Berlin konnte er seine journalistische Tätigkeit ausbauen. Hier gab es für ihn die Möglichkeit, grundlegende Fertigkeiten der redaktionellen Arbeit zu erlernen und machte Bekanntschaft mit seinem späteren Freund Dr. Kurt Tucholsky. Ebenso organisierte er Friedenskundgebungen mit und fuhr Albert Einstein durch die jubelnde Menge.

Dennoch blieb die Situation für Pazifisten gefährlich. Die Ermordung von Walter Rathenau und Rosa Luxemburg sowie eine Regierungskrise 1923 brachten die Grundpfeiler der Republik nicht zum letzten Mal zum Wanken. Ossietzky war sich darüber im Klaren, dass den Worten Taten folgen müssten.

Im Jahr 1925/26 kam schließlich der Ruf der Weltbühne, dem damals meistgelesenen Wochenmagazin, für das auch Tucholsky schrieb. Der Herausgeber Siegfried Jacobssohn und Ossietzky erkannten sofort, dass sich ihre Ansichten deckten. Die Tatsache, dass von Ossietzkys Texte sofort gedruckt wurden, ohne von Jacobssohn durchgesehen zu werden, zeugt von dem hohen Ansehen, das er bei dem Herausgeber genoss. Als dieser starb, traf das von Ossietzky und Tucholsky schwer. Zusammen einigten sie sich darauf, dass Ossietzky Redakteur und Tucholsky Herausgeber werden solle, was Letzterer jedoch bald wieder aufgab. So wurde von Ossietzky beides. Diese Tätigkeiten waren nicht nur zeitraubend, auch sorgten sie immer wieder für Konflikte mit dem Gesetz.

Als ein Autor der Weltbühne die heimliche Aufrüstung durch das Reichs-

wehrministerium aufdeckte, konnte auch Ossietzky einer Gefängnisstrafe nicht mehr entgehen. Doch die 226 Tage im Gefängnis Berlin-Tegel waren nur eine leise Vorahnung dessen, was ihn unter Adolf Hitler erwarten sollte.
Keinen Monat nach seiner Wahl zum Reichskanzler sorgte dieser bereits dafür, einen der einflussreichsten Kritiker zum Schweigen zu bringen. Von Ossietzky wurde erst in das KZ Sonnenburg und dann in das KZ Esterwegen gebracht. Wer überlebte, schilderte diese als Hölle auf Erden. Binnen weniger Monate wurden aus den Häftlingen lebendige Leichen. Seine Widerstandskraft konnten die Strapazen zwar nicht brechen, sein Körper hingegen sollte daran zu Grunde gehen. Dass er das KZ überhaupt noch einmal lebend verlassen konnte, verdankte er einer außergewöhnlichen Kampagne. Von Ossietzky wurde für den Friedensnobelpreis vorgeschlagen. Berühmte Persönlichkeiten wie Albert Einstein, Virginia Woolf und Thomas Mann plädierten für ihn. Natürlich versuchten die Nationalsozialisten, dies zu verhindern, aber mit ihren Interventionen erreichten sie nur noch größere Empathie für Ossietzky. Endlich verlegten sie ihn immerhin in ein Krankenhaus der Berliner Polizei. Doch zur Verleihung des Nobelpreises durfte er nicht reisen; er wäre dazu körperlich auch kaum in der Lage gewesen.

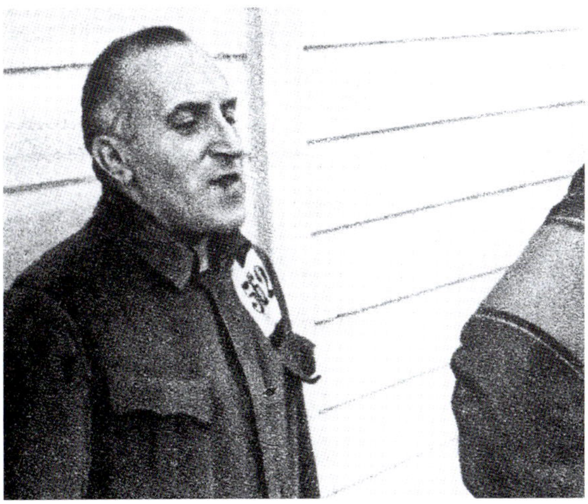

Carl von Ossietzky im Konzentrationslager Papenburg-Esterwegen

Die Verleihung am 10. Dezember 1936 verlief äußerst schlicht. Aus Angst vor außenpolitischen Spannungen war die Königsfamilie nicht erschienen, sämtliche Botschafter waren abwesend. Am 4. Mai 1938 schließlich erlag Carl von Ossietzky den Folgen der Misshandlungen. Eine Grabplatte durfte erst nach dem Ende des Dritten Reichs angebracht werden. Auf ihr steht: „Friede für immer“.

Nur ein Gebot kennt die Demokratie: aktiv sein!
Seid tätig, und was heute noch utopisch erscheint,
kann morgen Wirklichkeit werden.

Ehrfurcht vor dem Leben

Albert Schweitzer (1875 - 1965)

An einem Herbstmorgen des Jahres 1904 fand Albert Schweitzer eines jener grünen Hefte auf seinem Schreibtisch, die von der Pariser Missionsgesellschaft verschickt wurden. Der Artikel „Was der Kongomission not tut“ weckte sein Interesse, nicht allein der Inhalt, sondern der Appell am Ende, denn die Mission dort suchte Menschen, die sich vom Ruf des Herrn angesprochen fühlten und bereit waren, ihm zu folgen.

Jener Appell schien dem jungen Theologiedozenten aus Straßburg wie ein Wink des Himmels zu sein. Für sich hatte er entschieden, sich bis zum 30. Lebensjahr der Wissenschaft und der Musik zu widmen und sich danach in den Dienst der Nächstenliebe zu stellen. Er hatte zunächst Waisenkinder aufnehmen wollen, aber das gestaltete sich sehr schwierig, außerdem wollte er nicht in einer Organisation mitwirken, sondern selbstständig ein Projekt leiten und gestalten. Die Weiche war gestellt, aber noch brauchte er Zeit, das Vorhaben zu überdenken. War er wirklich bereit, all die Opfer zu bringen, die diese Aufgabe erforderte? Sollte er noch einmal studieren, neben den beiden Doktortiteln in Theologie und Philosophie auch noch den in Medizin erwerben? Schweitzer brauchte viel Zeit und Ruhe, er fand sie, indem er Orgel spielte. Bach, natürlich, ihn liebte er, sein ganzes langes Leben beschäftigte er sich immer wieder mit seinen Orgelstücken. Johann Sebastian Bach war sein Tröster.

Schweitzer ging zu seinen Eltern nach Günsbach im Elsass. Zwar kam er am 14. Januar 1875 in Kayersberg im Elsass zur Welt, aber schon bald wurde sein Vater auf die Stelle der evangelischen Gemeinde in Günsbach berufen. Dort wächst Albert auf, ein zwar vielseitig begabtes, aber

– zumindest was die Schullaufbahn betraf – doch eher mittelmäßiges Kind. Einmal wurde der Vater sogar zum Rektor gerufen, die Noten ließen sehr zu wünschen übrig. Selbst in Musik blieben sie weit hinter den Erwartungen zurück. Der Vater hatte ihm das Klavierspiel beigebracht, und mit neun Jahren vertrat er schon den Organisten in der Günsbacher Kirche. Was war mit dem Kind nur los?

Der Junge hatte eine sehr sensible Natur. Er litt mit dem Pferd, das zum Schlachthof gebracht wurde. Er solidarisierte sich mit dem Juden Mauschele, an dem seine Klassenkameraden ihren Spott ausließen. Und da war noch die Geschichte mit Heinrich Bräsch, mit dem er loszog, Vögel zu schießen. Er traute sich nicht, etwas dagegen zu sagen. Er sah die Tiere, wie sie arglos in den Tag hinein zwitscherten. Der Freund wurde schon ungeduldig. Albert Schweitzer hatte sich fest vorgenommen, daneben zu schießen. Da plötzlich ging der Klang der Glocken über das Tal. Sie haben dem Jungen das Gebot „Du sollt nicht töten" ins Gewissen geläutet. Er stand auf, verscheuchte die Vögel und wollte sich von nun an nicht mehr von anderen beeinflussen lassen. Wenn er von einer Sache überzeugt war, dann konnte ihn nun niemand mehr daran hindern, seine Meinung zu sagen und für seine Ziele einzutreten.

Seine Eltern in Günsbach verstanden seine Entscheidung nicht. Welche Karriere hatte er vor sich! Er war ein brillanter Theologe, ein scharf denkender Philosoph, ein begnadeter Organist. Seine Eltern hatten erlebt, wie aus dem verträumten Jungen ein diszipliniert arbeitender Schüler und Student wurde. Es war ein Lehrerwechsel, der ihn zu großem Einsatz motivierte. Und es war eine Provokation seines Musiklehrers, die ihn herausforderte. Zwar war das Abitur dann immer noch durchschnittlich, aber Schweitzer hatte erfahren, dass seine Natur ihn größte Leistungen vollbringen ließ. Und auf diese Fähigkeit konnte er bis ins hohe Alter vertrauen.

Welchen Weg sollte er nun einschlagen? Sollte er Theologie studieren, wie es der Familientradition entsprach, oder Philosophie, denn ihn beschäftigten die Fragen nach dem Grund des Lebens und den Voraussetzungen des Handels. Oder auch Musik, ihr widmete er sich in jeder freien Stunde. Schweitzer schrieb sich für die Fächer Theologie und Philosophie an der Straßburger Fakultät ein. Daneben arbeitete er intensiv an seinem Orgelspiel.

Als Schweitzer 1875 geboren wurde, gehörte das Elsass seit vier Jahren zum Deutschen Reich. Obwohl beide Länder damals Erzfeinde waren, war Schweitzer der deutschen wie der französischen Kultur gleichermaßen verbunden. Zu Hause wuchs er französisch auf, in der Schule lernte er deutsch. Am liebsten aber war ihm das Elsässische, und weil dieser Dialekt dem Deutschen ähnlich ist, wurde Deutsch für ihn zur beherrschenden Sprache.

Neben Bach und Goethe faszinierte ihn der Mann aus Nazareth. Mit ihm beschäftigte er sich in der ersten wissenschaftlichen Arbeit, die ihn bekannt machte. Schweitzer untersuchte die Bücher über Jesus, die in seiner Zeit entstanden sind, und stellte fest: Sie sagen mehr über die Autoren und ihre Zeit aus als über Jesus. Der Mann aus Nazareth lebte in der Erwartung des baldigen Kommens des Reiches Gottes; deshalb wird er uns immer ein Fremder bleiben. Aber wir hören wie damals seinen Ruf. Auch an den Stränden unseres Lebens steht er und sagt zu uns wie einst zu den Jüngern: Folge mir nach.

In Philosophie schrieb Schweitzer über Kants Religionsphilosophie eine brillante Arbeit, doch dass er sich zuletzt für die Theologie entschied, hing mit seinem Wunsch zusammen, weiterhin zu predigen und so direkt zu den Menschen zu sprechen.

Eine glanzvolle Karriere stand ihm als Dozent wie auch als Organist bevor. Da will dieser begnadete Mann in den Urwald gehen. Die Eltern verstehen es nicht, die Freunde schütteln nur den Kopf, sein Freund und Orgellehrer Charles Marie Widor sagte, er gleiche einem General, der sich mit einer Flinte in den Schützengraben legt. Schweitzer aber hörte in sich den Ruf „Folge mir nach“, und dieser Stimme musste er folgen. Es gab allerdings einen Menschen, der ihn verstand und ihn auf diesem Weg begleitete: Helene Breslau, eine vielseitig begabte junge Frau, die ihrem Freund in nichts nachstand, hochgebildet, vielseitig interessiert und sozial engagiert. Beide ergänzten sich, und so mündete die Kameradschaft in die Ehe.

Zu den Tieren, die in Lambarene gehalten wurden, zählten auch Pelikane. Über eines dieser Tiere hat Schweitzer ein Kinderbuch verfasst.

Schweitzer wollte zunächst als Missionar mit medizinischen Grundkenntnissen nach Afrika gehen, ließ sich aber dann doch als Arzt ausbilden. Die Missionsgesellschaft war beruhigt, ihr waren die Thesen des Theologiedozenten suspekt. Und der versprach ihnen auch, „stumm wie ein Karpfen“ zu bleiben. Aber das blieb er natürlich nicht, er predigte weiterhin.

Nachdem er das medizinische Examen bestanden und mit einer Doktorarbeit abgeschlossen hatte und seine Frau sich als

Krankenschwester hatte ausbilden lassen, machten sich die beiden 1913 auf den Weg nach Lambarene, das im heutigen Gabun liegt. Es hatte sich schnell herumgesprochen, dass ein Doktor kommen würde. In einem Hühnerstall, lediglich mit einem Necessaire ausgestattet, werden die ersten Operationen vorgenommen. So mühsam und bescheiden sind die Anfänge. Joseph, ein Eingeborener, war den beiden eine Stütze. Dass er vorher Koch war, ist ihm immer noch anzumerken, wenn er zum Beispiel sagte, dass der Patient Schmerzen „im Kotelett“ hat.
Schweitzer hat die Kolonialpolitik stark kritisiert, aber er bleibt ein Kind seiner Zeit. Den Schwarzen sieht er zwar als Bruder an, sich selbst aber als älteren Bruder. Vierzehn Mal wird er in Lambarene sein und arbeiten. Dass ihn in der Folgezeit seine Frau aufgrund einer Erkrankung nicht mehr begleiten kann, ist eine große Tragik, denn Lambarene ist ihr gemeinsamer Traum gewesen.
Schwer traf die beiden, als sie während des Ersten Weltkrieges als Deutsche inhaftiert wurden. Das Projekt schien gescheitert zu sein, hinzu kam ein großer Schuldenberg. Nur dank der Unterstützung von Freunden war das Urwaldspital möglich geworden. Durch Vorträge und Konzerte wird Schweitzer Spenden in aller Welt sammeln. Aber noch fehlt ein Begriff, der sein ganzes Denken und Handeln zusammenfasst. Und plötzlich steht ihm dieser vor Augen, als er zu einer erkrankten Missionarsfrau gerufen wird: „Ehrfurcht vor dem Leben“. Er spürt, das ist die Formel, auf die sich alles bringen lässt: Leben zu erhalten, zu schützen und zu fördern, wo immer es möglich wird. In diese Überlegungen ist ganz selbstverständlich auch die Tierwelt mit einbezogen. In Lambarene werden nicht nur kranke Menschen gepflegt, sondern auch erkrankte Tiere. Schweitzer blieb konsequent. Zwar kam er sich, angesichts all des Wirbels um seine Person wie ein „von Weihrauch betäubter Esel“ vor, er äußerte sich dennoch kritisch gegen die Atombombe. Das ging gerade in den USA auf Kosten seiner Beliebtheit. Von dem Geld, das er 1952 für den Friedensnobelpreis erhielt, errichtete er in Lambarene ein Lepradorf. Im Alter von 90 Jahren starb Schweitzer am 4. September 1965. Er wurde bei den Menschen begraben, denen er bis zuletzt diente, in Lambarene.

Mein Leben trägt seinen Sinn in sich selbst.
Er liegt darin, dass ich die höchste Idee habe, die in meinem Willen zum Leben auftritt: die Idee der Ehrfurcht vor dem Leben.

Das unmöglichste Amt der Welt

Dag Hammarskjöld (1905 - 1961)

Dag Hammarskjöld war es nicht vergönnt, den Friedensnobelpreis persönlich entgegenzunehmen. Zwei Monate vor der Verleihung stürzte er am 17. September 1961 bei einem Flug in den Kongo ab, auf dem Weg zu Friedensverhandlungen. Seine „leise Diplomatie" hat bis heute Vorbildfunktion.

Sein diplomatisches Handeln war nicht nur von Respekt und Toleranz bestimmt, sondern sowohl von den Lehren Albert Schweitzers als auch durch einen tiefen Glauben an Jesus Christus inspiriert. Diesen Glauben hatte er seiner Mutter zu verdanken. Die Beziehung zwischen Mutter und Sohn war außergewöhnlich intensiv und prägte seinen weiteren Lebensweg. Eigentlich hatte seine Mutter, nachdem sie bereits drei Jungen geboren hatte, sich ein Mädchen gewünscht. Als sie am 29. Juli 1905 mit Dag jedoch wieder einen Jungen bekam, schien sie sich über sein Geschlecht hinwegzusetzen und kleidete und frisierte ihn in den Anfangsjahren wie ein Mädchen. Der Vater hatte eine hervorragende Karriere gemacht, die ihn bis zum Regierungspräsidenten, Premierminister und Mitglied der Schwedischen Akademie brachte. Dem Sohn war er aber weniger Vater als vielmehr ein intellektueller Ansprechpartner, der allerdings für Zuwendung akademische Leistungen einforderte. Die exzellenten Schulleistungen Dags stießen die Klassenkameraden eher ab, und da der Vater durch rigide Sparmaßnahmen den Unwillen der schwedischen Bevölkerung auf sich gezogen hatte, war der Name Hammarskjöld bei seinen Altersgenossen alles andere als populär. Sinnesgenossen fand er allerdings in den Kindern Nathan Söderbloms, und an den Diskussionen in der Familie nahm er rege teil. Die Verbindung seiner Familie zu den Söderbloms prägte ihn so sehr, dass er zeitweilig auch über ein Theologiestudium nachdachte. Stattdessen folgte er seinem Vater und studierte an der Universität Uppsala Literaturwissenschaften, Philosophie, Volkswirtschaft und Französisch, später nahm er noch Rechtswissenschaften hinzu und ein Studienjahr in Cambridge. Er ist zwar ein exzellenter Student, aber in die Gemeinschaft kann er sich nicht integrieren. Er bleibt ein Außenseiter.

Er wählt die politische Laufbahn, ohne in eine Partei einzutreten, denn nur so konnte er seiner Ansicht nach eine absolute Neutralität wahren. In seiner Heimat war er die aufstrebende Hoffnung, der mit einem beachtlichen Arbeitspensum nach oben klettert, ohne jedoch seine Ideale zu opfern. Das Eintreten für soziale Gerechtigkeit, Achtung und Toleranz sind die Eckpfeiler seines Handelns, mit denen er sich schnell einen Namen macht. „Wonderboy" wurde er von einem engen Mitarbeiter betitelt. Als Staatssekretär begann er 1936 eine Laufbahn, die ihn über das Präsidialamt des Direktoriums der Weltbank und die Position des stellvertretenden Außenministers schließlich 1951 nach New York führt, als Mitglied der schwedischen Delegation der Vereinten Nationen. Doch ihm fehlte die endgültige Erfüllung. Trotz seiner wichtigen Position musste er im Hintergrund bleiben, denn noch höhere Ämter erforderten ein Parteibuch, das Hammarskjöld weiterhin ablehnte.

Doch dann bot sich die Gelegenheit. Es stand nicht gut um die UNO. Ihr Scheitern als Vermittler im Koreakrieg und Probleme mit den Kolonialmächten machte das Amt des Generalsekretärs äußerst unbeliebt. Dag Hammarskjöld glaubte auch selbst nicht an seine Fähigkeit, die Organisation zu leiten: „Niemand wäre so verrückt, mich vorzuschlagen, und ich wäre nicht so verrückt, solch ein unmögliches Amt anzunehmen." Doch offensichtlich gab es diese „Verrückten", die seine Wahl wünschten. Am 7. April 1953 wurde Hammarskjöld zum neuen Generalsekretär der Vereinten Nation ernannt und schwor drei Tage später den Eid für das Amt, das von seinem Vorgänger als „das unmöglichste Amt der Welt" definiert worden war.

Im Gegensatz zur allgemeinen Einschätzung war Hammarskjöld jedoch nicht der graue Bürokrat ohne Meinung, sondern machte gleich bei seiner ersten Pressekonferenz deutlich, dass er der Schutzschild schwächerer Staaten sein wollte. Seine christlichen Grundsätze begleiteten ihn weiter. Sie halfen ihm bei der Auslegung der UN-Charta, die dem Generalsekretär deutlichen Handlungsspielraum überlässt. Den Meditationsraum, eher eine bunte Ansammlung von religiösen Symbolen, ließ er neu gestalten. Ins Zentrum setzte er einen großen Granitkubus, auf den ein Lichtstrahl fällt als Symbol für Leben und Geist, ein Zeichen, das alle Religionen kennen. Durch seinen Respekt gegenüber anderen Kulturen, ohne Versuche, seine Ansichten anderen aufzudrücken, konnte sich Hammarskjöld die Anerkennung anderer Staaten erwerben. Sein Wunsch nach Objektivität rechtfertigte auch ungewöhnliche Aktionen, wie die Entsendung von Beobachtern in die Krisengebiete Libanon und Laos, um neutrale Fakten zu sammeln.

Die Wertschätzung seiner Fähigkeiten ist so groß, dass er nach Beendigung seiner ersten Amtszeit im September 1957 einstimmig wiedergewählt wurde. Seine zweite Amtszeit war geprägt von einer eindrücklichen Begegnung. Auf seinen Wunsch traf er sich mit dem jüdischen Philosophen und Theologen Martin Buber, in dem er gewissermaßen einen Seelenverwandten fand. Beide bedauerten zutiefst das Misstrauen zwischen den Kontrahenten des kalten Krieges, den USA und der Sowjetunion. Leider gelang es Hammarskjöld kaum, hier zu vermitteln, denn die Abrüstungsverhandlungen blieben ein zäher diplomatischer Kraftakt. Sicherlich als gedanklichen Ausgleich machte sich Hammarskjöld an die Übersetzung von Bubers Werk „Ich und Du“ ins Schwedische. Diese Arbeit gab ihm die Kraft, die er bitter nötig hatte angesichts der Querelen, die ihm der Ost-West-Konflikt bereitete. Mal waren es die Amerikaner, die ihren Geheimdienst in das UN-Hauptgebäude – eigentlich neutrales Gebiet – sendeten, um es nach Kommunisten abzusuchen. Ein anderes Mal versuchte der Außenminister der UdSSR, Chruschtschow, unter dem Vorwurf der Kompetenzüberschreitungen seinen Rücktritt zu erzwingen.

Doch Hammarskjöld konnte sich behaupten. Durch seine Bescheidenheit und sein Taktgefühl war er anerkannt und bewundert. Seine Vereidigung wurde mit Standing Ovations bedacht. Er hatte deutlich gemacht, dass er sich als „Diener der Organisation“ verstand und nicht als deren Herrscher. Wie wichtig die Qualitäten seines diplomatischen Stils waren, zeigte

Dag Hammarskjöld bei einer Pressekonferenz der UNO 1956

sich auch, als es an ihm lag, einige amerikanische Piloten, die in UN-Mission eingesetzt worden waren und in China unter dem Vorwurf der Spionage als Geiseln festgehalten wurden, zu befreien. Sein erster Besuch in Peking brachte zwar nicht das gewünschte Ergebnis, dafür aber war es ihm gelungen, sich die Anerkennung des Außenministers Tschou En-lai zu erwerben. Akribisch hatte Hamarskjöld zuvor chinesische Philosophie und Geschichte studiert und einen Professor aus Oxford zu Rate gezogen, so dass Tschou En-lai auf einen gut gebildeten Gesprächspartner stieß. Wenngleich ihm keine sofortige Freilassung der Piloten gelang, hatte er doch Eindruck hinterlassen. Am 50. Geburtstag erhielt er ein besonderes Geschenk: Mit einer Gratulation zum Geburtstag von Tschou En-lai ging die Freilassung der Piloten einher, „um die Freundschaft zu Hammarskjöld aufrechtzuhalten", wie Peking verlauten ließ.

Dass er auch schnell und pragmatisch handeln konnte, bewies er bei der Suez-Krise 1956. Ägypten wurde zum Austragungsort eines Machtkampfes zwischen den Alliierten und der UdSSR, der fast den dritten Weltkrieg ausgelöst hätte. Hier half nur ein neutrales Heer als Schlichter zwischen den Staaten. In nur 48 Stunden gelang es Hammarskjöld, 6000 Soldaten aus allen Nationen zusammenzurufen, die wir heute als „Blauhelme" kennen. Tatsächlich konnte der Konflikt dadurch entschärft werden.

Einen anderen Konflikt jedoch konnte er nicht mehr lösen: Als Belgien den Kongo 1960 unvorbereitet in die Unabhängigkeit entließ, versank das Land in Chaos und Bürgerkrieg. Nicht einmal die Blauhelmsoldaten konnten sich behaupten, und Hammarskjöld geriet mehr und mehr in Bedrängnis. Um persönlich zu intervenieren, flog er am 17. September 1961 zu Waffenstillstandsverhandlungen mit dem Anführer der Rebellen, Tshombé. Aus bis heute nicht abschließend geklärten Umständen stürzte sein Flugzeug ab. Bei seiner Leiche fand man einige Seiten des Manuskriptes „Ich und Du" sowie seine Tagebuchaufzeichnungen, die unter dem Titel „Zeichen am Weg" veröffentlicht wurden. Die Vermutung eines Attentats liegt nahe, doch durch die konfuse Lage konnte die Untersuchungskommission zu keinem absolut verlässlichen Urteil kommen. Wenige Tage darauf beschwor John F. Kennedy die Gemeinschaft, die UNO im Sinne Dag Hammarskjölds weiterzuführen. Zwei Monate nach seinem Tod erhielt er den Nobelpreis.

*Das tiefste Gebet des Menschen bittet nicht um den Sieg,
sondern um Frieden.*

Ich habe einen Traum

Martin Luther King (1929 - 1968)

Am 30. Januar 1956 zeigte sich, dass Martin Luther King den Pfad des gewaltlosen Widerstandes, den er in den Kirchen der Südstaaten so überzeugt predigte, auch in seiner schwersten Stunde nicht verlassen würde. Um 21.30 Uhr hatten weiße Rassisten einen Sprengsatz auf der Veranda seines Hauses detonieren lassen. Die Bombe zerriss die Vorderfront des Gebäudes, Kings Frau Coretta und die gemeinsame Tochter Yolanda blieben nur durch Zufall unverletzt. Doch anstatt seine Wut und sein Entsetzen über die Tat in Rache und Vergeltung gegen die Attentäter zu kanalisieren, schickte King die herbeigeeilte Menschenmenge nach Hause.

Als Martin Luther King jr. am 15. Januar 1929 geboren wird, gehört er nicht zu dem notleidenden Teil der schwarzen Bevölkerung in den Vereinigten Staaten. Er muss nicht in den Gettos aufwachsen und Armut, Gewalt und Perspektivlosigkeit erleiden. Im Gegenteil, seine Eltern Martin Luther King sen. und Alberta King können ihm ein Leben im wohlhabenden bürgerlichen Milieu ermöglichen, und so geniesst er eine gewaltfreie, liebevolle Erziehung. Daher ist es nur folgerichtig, dass der hochintelligente King wie sein Vater Theologie studiert und schliesslich 1955 am renommierten Boston College promoviert.

Dennoch lässt ihn die alltägliche Diskriminierung und das Elend seiner Brüder und Schwestern nicht los. Auch der anerkannte Akademiker King erlebt täglich, was es bedeutet, nicht dazu zu gehören. Auch ihm bleibt der Zugang zu den Kinos, Schwimmbädern und Restaurants verwehrt, auch er wird Opfer des systematischen Rassismus. Daher verzichtet King auf eine glänzende Karriere an den Elite-Universitäten der Ostküste, um in der Provinzstadt Montgomery im US-Bundesstaat Alabama als Pastor zu arbeiten.

Der Zufall will es, dass gerade in dieser Stadt die schwarze Rentnerin Rosa Parks am 1. Dezember 1955 gegen die Rassentrennung in den öffentlichen Bussen rebelliert und ihren für Weiße reservierten Platz im vorderen Busteil nicht räumen will und daraufhin verhaftet wird. Schnell fand sich eine Menge aufgebrachter Menschen zusammen, die ihren Unmut äußern wollte. Doch es bedurfte einer Person, die diese Bewegung lenken und ihr so zum Erfolg verhelfen konnte. Diese Rolle wurde dem Neuling King zuteil, der mit seinem rhetorischen Talent die Menschen erreichte und so aus einer losen Ansammlung empörter Schwarzer die Keimzelle einer Bewegung schuf, die die Rassentrennung in den Vereinigten Staaten überwinden konnte.

Zu diesem Zeitpunkt stand die Bewegung für Bürgerrechte und gegen Diskriminierung am Scheideweg. Der aufkeimende Protest der ausgegrenzten Schwarzen wurde von vielen weißen Amerikanern mit Argwohn und Sorge beobachtet. Man fürchtete um eigene Privilegien und hatte Angst vor Vergeltung für Jahrzehnte und Jahrhunderte der Sklaverei und Unterdrückung. Diese Furcht entlud sich in Gewaltexzessen weißer Rassisten unter Führung des Ku-Klux-Klans, bei denen viele friedliche Protestierer ihr Leben verloren. Es kamen daher nicht wenige Stimmen auf, nach denen sich die Schwarzen gegen die Rassisten gewaltsam zur Wehr setzen müssten. Insbesondere die Jugendlichen aus den Gettos waren bereit, einen Bürgerkrieg zu führen.

Doch Martin Luther King hatte eine andere Vision. Bereits als Student hatte er sich mit der Möglichkeit des gewaltfreien Widerstands befasst und dazu die Schriften Mahatma Gandhis gelesen. Er hatte erkannt, dass der Verzicht auf Vergeltungsmaßnahmen nichts mit feiger Passivität zu tun hat, sondern dass ziviler Ungehorsam eine effektive Waffe gegen Unterdrückung und Diskriminierung ist. Der Gewalt setzt er eine viel stärkere Macht entgegen: die Kraft der Liebe. Nur so kann es gelingen, den Teufelskreis aus Gewalt und Gegengewalt zu durchbrechen. Daher muss der Unterdrückte auch seinen Unterdrücker lieben, um diesen so vom Zwang zur Gewalt zu befreien und die Völker zu versöhnen.

In Montgomery war nun der Zeitpunkt gekommen, diese Vision in die

Wirklichkeit umzusetzen. Anstatt gewalttätig zu werden, begannen die Schwarzen mit der „Nichtzusammenarbeit": Die Busse der Stadt wurden nicht benutzt, stattdessen wurden die Wege mit Fahrgemeinschaften per Rad oder eben zu Fuß bewältigt. Die Verluste der Stadt waren gewaltig, und so reagierte die Stadtverwaltung mit Härte. Führende Mitglieder der Protestbewegung wurden verhaftet, auch King wurde zu Gefängnishaft verurteilt. Es folgte das Bombenattentat auf Kings Haus. Doch der persönliche Einsatz hatte sich gelohnt. Am 13. November 1956 erklärte das Oberste Gericht der Vereinigten Staaten, der Supreme Court, die „Segregation" in den Bussen für verfassungswidrig.

Aber um die Realität zu ändern, bedurfte es mehr als eines Richterspruchs. Und so wuchs der Protest zu einer landesweiten Bewegung mit King an der Spitze heran. Ausgehend von seiner neuen Pfarrstelle in Atlanta versammelte er Tausende Menschen, um wie sein Vorbild Gandhi mit Protestmärschen und Sit-ins auf das Leiden seiner Brüder und Schwestern aufmerksam zu machen. In der Industriemetropole Birmingham traf er dabei auf seinen bis dahin mächtigsten Gegenspieler, den Polizeichef Eugene „Bull" Connor. Dieser hetzte Hunde auf die fried-

Martin Luther King bei einer Demonstration in Montgomery/Alabama

lichen Demonstranten und stellte die Wasserwerfer seiner Polizisten so ein, dass sie die Borke von den Bäumen spritzen konnten. Ungehindert durch die Polizei können die Rassisten ihren Terror ausüben. Trauriger Höhepunkt ist ein Bombenattentat am 15. September 1963 auf eine Kirche, bei dem vier kleine schwarze Mädchen sterben.

Doch die Opferbereitschaft der friedlichen Demonstranten zahlt sich aus. Die Gewalttaten der Rassisten haben die öffentliche Meinung zugunsten der Unterdrückten gewendet, und nun schaltet sich auch der amerikanische Präsident John F. Kennedy ein und verspricht eine neue Bürgerrechtsgesetzgebung. Daraufhin versammeln sich 250 000 Menschen zum Marsch auf Washington, wo King am 28. August 1963 am Lincoln-Denkmal die Rede hält, die ihn weltberühmt macht: „Ich habe einen Traum." Diese Worte verschaffen seinem Anliegen endlich die Aufmerksamkeit, die es verdient. Die Wochenzeitschrift „Time Magazine" wählt ihn zum Mann des Jahres, und im Dezember 1964 wird ihm der Friedensnobelpreis verliehen.

Doch King, der stets in großer Bescheidenheit gelebt hat, interessieren persönliche Auszeichnungen kaum; er stellt seine Person ganz in den Dienst der Sache. So nutzt er seine Berühmtheit, um den neuen amerikanischen Präsidenten Lyndon B. Johnson zu beeinflussen. Der große Durchbruch gelang am 19. Juni 1964, als das formale Ende der Rassentrennung durch das neue Bürgerrechtsgesetz besiegelt wurde.

Doch King war noch nicht am Ziel, immer noch bedrohte Gewalt den Frieden in Amerika. Mittlerweile hatte King die größeren Zusammenhänge im Blick. Sein Kampf galt nun nicht nur der Diskriminierung, sondern auch der Armut als größter Bedrohung der Zivilisation – und dem Vietnamkrieg. Doch sein umfassendes Engagement ließ King in den Augen vieler nun als zu gefährlich erscheinen. Am 4. April 1968 wird King von einem weißen Rassisten auf seinem Hotelbalkon erschossen. Die Hintermänner werden nie gefasst.

Der Traum von Washington überlebte aber Kings Tod. Seine Vision einer geeinten Gesellschaft wurde durch seine Anhängerschaft weitergetragen. Im heutigen Amerika herrscht zumindest formale Gleichheit. Doch die ökonomischen und sozialen Unterschiede spalten das Land noch immer.

*Der alte Grundsatz „Auge um Auge"
macht schließlich alle blind.*

Versöhnung über Grenzen

Willy Brandt (1913 - 1992)

Sein ganzes Leben hatte Willy Brandt der Aussöhnung zwischen Ost und West gewidmet, sein ganzes Wirken hatte er auf das Ende der Teilung Deutschlands ausgerichtet – nun, am 9. November 1989, war das Unerwartete geschehen: Die Berliner Mauer war gefallen. Willy Brandts Worte lassen uns auch heute noch die Bedeutsamkeit dieser Stunden spüren: „Jetzt wächst zusammen, was zusammengehört."

Willy Brandts Idealismus und sein unbeirrbarer Einsatz für seine Mitmenschen resultieren aus einer einzigartigen Biographie, die den jungen Außenseiter zu einem der größten Staatsmänner Deutschlands hat werden lassen. Zu Beginn des 20. Jahrhunderts war es noch eine Schande, als uneheliches Kind geboren zu werden. Als am 18. Dezember 1913 Martha Frahm ihren Sohn Herbert zur Welt brachte, obwohl dessen Vater John Müller längst nicht mehr bei ihr weilte, ließ die bürgerliche Gesellschaft den Jungen schnell sein Außenseitertum spüren. So schloss er sich einer Gruppe junger Sozialdemokraten an und fand dort die Anerkennung, die ihm bisher verwehrt geblieben war.

Die noch junge Weimarer Republik und die aufstrebende Arbeiterbewegung faszinierten den Jungen aus einfachen Verhältnissen und weckten sein tiefgehendes Interesse für Politik. Schnell bildete sich sein journalistisches Talent heraus, und er begann schon mit 15 Jahren, regelmäßig Artikel und Aufsätze zu veröffentlichen.

Doch rasch verfinsterte sich die Lage, als die Nationalsozialisten in Lübeck die Mehrheit errangen. Nun war kritischer

Journalismus unter Strafe gestellt, und als erste Genossen verhaftet wurden, musste der mittlerweile Neunzehnjährige 1933 nach Dänemark fliehen. Zur Sicherheit legte er sich auch einen neuen Namen zu, er nannte sich fortan Willy Brandt. Die Emigration führte ihn weiter nach Norwegen, wo die dort regierenden Sozialdemokraten die Flüchtlinge aus Deutschland aufnahmen. Im Gegensatz zu vielen anderen kam Brandt in der Fremde gut zurecht. Schnell sprach er fließend Norwegisch und begann, vom Ausland aus den Widerstand gegen Hitler zu organisieren. Der Kampf gegen den Faschismus war eine gesamteuropäische Aufgabe geworden, daher traf er sich regelmäßig mit Sozialdemokraten und Sozialisten aller Länder, um den Aufbau einer revolutionären Jugendinternationale voranzutreiben. Als die Nationalsozialisten ihm die deutsche Staatsbürgerschaft entzogen, entschloss er sich, Norweger zu werden.

Am 8. April 1940 endete der Aufenthalt in Norwegen abrupt. Soldaten der Wehrmacht begannen ihren Angriff auf Oslo, und Willy Brandt musste erneut fliehen. In Stockholm traf er auf Herbert Wehner, der ihn auf seinem weiteren politischen Werdegang stets begleiten sollte.

Nach Kriegsende konnte Brandt endlich nach Deutschland zurückkehren, doch seinen Decknamen legte er nicht ab. Der junge Politiker war mit seiner neuen Identität verschmolzen und hatte unter seinem neuen Namen bereits eine gewisse Bekanntheit erreicht. Seine Geburtsstadt Lübeck erschien ihm nun als zu klein, ihn zog es ins weltstädtische Berlin. Er schloss sich der dortigen SPD an und entschied sich, seine alte Staatsbürgerschaft wieder anzunehmen. Die Zeiten waren nun nicht weniger turbulent, denn im Jahre 1948 begann mit der Blockade Westberlins und der Luftbrücke der Alliierten der Kalte Krieg.

Als Heimkehrer wurde er jedoch nicht nur mit offenen Armen empfangen, sondern auch misstrauisch beäugt. Willy Brandt gelang es aber, in dem Berliner Bürgermeister Ernst Reuter einen Freund und Förderer zu gewinnen. Gemeinsam versuchten sie, der Eskalierung entgegenzuwirken und befürworten gegen innerparteilichen Protest die Westintegration der Bundesrepublik. Daher kam ihm die besondere Aufgabe zu, als Abgeordneter für Berlin im ersten Deutschen Bundestag mitzuwirken. Sein rhetorisches Geschick und Charisma qualifizierten ihn schnell für noch größere Aufgaben.

Als 1957 der Nachfolger Ernst Reuters, Otto Suhr, verstarb, ergriff Willy Brandt die günstige Gelegenheit und kandidierte für das Amt des Regierenden Bürgermeisters von Berlin. Ein deutlicher Wahlsieg spülte den jungen Sozialdemokraten mitten ins Zentrum des Kalten Krieges. Die Sowjetunion forderte mit einem Ultimatum den Abzug der alliierten Streitkräfte aus Berlin, und als am 13. August 1961 mit dem Bau der Berliner Mauer begonnen wurde, war es an Willy Brandt, zu handeln. Anstatt Vergeltungsmaßnahmen zu ergreifen, bemühte er sich, den Dialog nie abreißen zu lassen, um so eine weitere Eskalation zu verhindern. Parallel dazu versicherte er sich der Unterstützung der westlichen Verbündeten. Besonders zu dem neuen Präsidenten der Vereinigten Staaten, John F. Kennedy, entwickelte er ein exzellentes Verhältnis. Dessen Besuch 1963 in Berlin, gekrönt mit den Worten „Ich bin ein Berliner", versicherte der beunruhigten Stadt den Beistand, die Teilung überstehen zu können.

Willy Brandts Erfolg als Bürgermeister ließ ihn auch in der Bundespolitik eine bedeutende Rolle einnehmen. 1961 trat er gegen Konrad Adenauer für die Wahl zum Bundeskanzler an. Doch der erfahrene Amtsinhaber stellte die Jahre der Emigration Brandts in den Vordergrund und ließ in der Bevölkerung Zweifel daran aufkommen, dass Brandt die charakterliche Eignung für die Führung des Staates besaß. So blieb Brandt letztendlich chancenlos und unterlag auch vier Jahre später trotz Stimmenzuwachses gegen Adenauers Nachfolger Ludwig Erhard. Aufgrund dieser Niederlagen erwog Brandt, sich

Willy Brandt kniet am 7. Dezember 1970 vor dem Mahnmal für das Warschauer Getto

von der Bundesebene zurückzuziehen. Doch die Entwicklungen in der Bundeshauptstadt Bonn rissen ihn aus seinen Selbstzweifeln.

Die FDP hatte 1966 die Regierung mit Erhards CDU verlassen; die Christdemokraten bildeten daraufhin eine Große Koalition mit der SPD. Willy Brandt wurde somit der erste sozialdemokratische Außenminister und Vizekanzler der Bundesrepublik. Der sprachbegabte Weltbürger war die Idealbesetzung für das Amt, und bei den Bundestagswahlen 1969 honorierte die Bevölkerung sein Engagement und wählte den Kandidaten der SPD zum Bundeskanzler. In der Außenpolitik knüpfte er an sein Wirken als Berliner Bürgermeister an und setzte dem Kalten Krieg und der Teilung Deutschlands den „Wandel durch Annäherung" entgegen. Auch in der Innenpolitik sorgte Brandt mit seiner Maxime „mehr Demokratie wagen" für Aufbruchstimmung.

Am 7. Dezember 1970 offenbarte sich Willy Brandts ganze Größe als Staatsmann: Er ging vor dem Mahnmal im einstigen Warschauer Getto auf die Knie, um die Opfer des Nationalsozialismus um Vergebung zu bitten. Für seine neue Ostpolitik, die durch diese einzigartige Geste symbolisiert wurde, erhielt er 1971 den Friedensnobelpreis.

Durch Brandts unermüdlichen Einsatz waren sich die Völker bereits ein großes Stück nähergekommen. Doch dies schützte den Kanzler nicht vor innenpolitischen Querelen. Nach einem gescheiterten Misstrauensvotum der CDU standen im Jahre 1972 Neuwahlen an. Aus einer schwierigen Ausgangsposition errang Brandt nicht nur den Sieg, sondern er erzielte das beste Ergebnis in der Geschichte der SPD. Als dann aber 1974 mit Günter Guillaume ein enger Mitarbeiter Brandts als Spion der DDR enttarnt wurde, war dies der Anlass für seinen Rücktritt.

Zwar war Willy Brandt nun nicht mehr Bundeskanzler, doch er blieb der Politik erhalten. So führte er noch bis 1987 als Parteivorsitzender die SPD, ein Amt, das er seit 1964 innehatte. Sein Hauptbetätigungsfeld war nun wieder die Sozialistische Internationale, mit der er die Völkerverständigung vorantrieb. Vor seinem Tod am 8. Oktober 1992 war es ihm noch vergönnt, mit dem Fall der Mauer die Vollendung seines politischen Lebenswerkes zu erleben.

Wo die Zivilcourage
keine Heimat hat,
reicht die Freiheit nicht weit.

Ikone der Nächstenliebe

Mutter Teresa (1910 - 1997)

Die Wurzeln für ihr späteres Engagement liegen schon in ihrer Kindheit, die sie selbst als sehr harmonisch beschreibt. Am 27. August 1910 wurde sie als Agnes Gonxha Bojaxhiu als jüngstes von drei Kindern in Skopje geboren. Obwohl die Familie als katholische Albaner im überwiegend islamischen Mazedonien gleich doppelt zur Minderheit gehörte, bedeutete dies kei-ne Einschränkung. Ihr Elternhaus war sehr wohlhabend, und der Vater, ein vielgefragter Architekt, genoss hohes Ansehen als Förderer der Kirche und der Kunst. Im Hause Bojaxhiu wurden Gäste aller Gesellschaftsschichten immer freundlich empfangen und Arme herzlich bewirtet. Die Mutter Drana bekochte sie, versorgte sie mit selbstgenähter Kleidung und pflegte eine ältere Frau in der Nachbarschaft, die von ihrer Familie verstoßen worden war. Als Agnes neun Jahre alt war, nahm dieses bis dahin relativ sorglose Leben jedoch ein dramatisches Ende, als ihr Vater aus ungeklärten Umständen todkrank von einer Geschäftsreise zurückkehrte und kurz darauf verstarb. Plötzlich war ihre Mutter gezwungen, die Familie mit einem Geschäft für Stoffe und Stickereien zu ernähren. Dennoch konnte Agnes auf eine exzellente Schule gehen, was für sie als Albanerin eine große Auszeichnung darstellte, und ihre hervorstechende musikalische Begabung pflegen. Aber eine Karriere in der elitären Gesellschaft lag ihr fern. In ihrer Schulzeit verschlang sie alle Berichte, die sie über die Missionsarbeit finden konnte; genau so wollte sie gegen das Unrecht ankämpfen und Armen helfen. Als sie sich für ein Leben in der Bengalenmission entschied, war ihr Bruder, der gerade zum Leutnant befördert wurde, entsetzt. Ihre Mutter war skeptisch. Doch Sturheit und Selbstbewusstsein der Tochter siegten schließlich: Am 29. November 1928 trat sie in die Loreto-Kongregation ein. Diese leitete sie nach Darjeeling zu den britischen Kolonialherren weiter. Dort wählte sie 1937 nach dem Ablegen des endgültigen Gelübdes den bekannten Namen Teresa aus. Ihn hatte sie von ihrem Vorbild, der heiligen Therèse de Lisieux übernommen, die wie sie für ihre Beharrlichkeit und Eigensinnigkeit bekannt war. Doch im Kloster war Schwester Teresa unglücklich. Sie konnte nicht, wie erhofft, den Armen und Bedürftigen helfen, sondern wurde nach Kalkutta geschickt, um die Kinder der bengalischen Oberschicht zu unterrichten. Zwar gab sie zu, Unterrichten sei ihre Lieblingsbeschäftigung und sie stieg in nur zwei Jahren zur Schuldirektorin auf, doch die dramatische Kluft zwischen der winzigen Schicht der Reichen und dem bitteren Elend bewegte sie zu einem einschneidenden Schritt:

Mit 37 Jahren verließ sie den Orden ohne Perspektive, nur mit dem Ziel, Gutes zu tun. Den endgültigen Anstoß, so berichtet sie, erhielt sie durch eine Bekehrung am 10. September 1946, den „Ruf innerhalb der Berufung“, wie sie ihn nennt, im Zug von Darjeeling nach Kalkutta. Zunächst lernte sie Grundkenntnisse der Hygiene und Pflege im Krankenhaus in Patna, um dieses Wissen dann an die Kinder im schlimmsten Slum Kalkuttas weiterzugeben. Hier lebte sie selbst wie die Ärmsten der Armen in einer winzigen Dachkammer, mit einer Bank, die ihr als Bücherregal diente, und einer Kommode, die sie als Altar benutzte. Teresa ging es teilweise so elend, dass sie bei einem befreundeten Priester um Essen betteln musste: „Herr Gomes, ich habe nichts zu essen, bitte geben Sie mir Essen.“

Auch eine Schwester Teresa stößt angesichts der unerträglichen Situation an ihre Grenzen und vermisst das Leben im Kloster. „Loreto bedeutete mir alles“, gestand sie, hier in den Slums von Kalkutta fühlte sie die Einsamkeit. Doch endlich erfuhr sie Unterstützung. Es waren die Schülerinnen, die sie früher unterrichtet hatte, die ihre Passion teilten und ihr helfen wollten. So kam Schwester Teresa wider Erwarten sowohl zu einer rasch anwachsenden Gemeinschaft, die sie „Carriers of Christ´s Love in the Slums“ und später „Missionaries of Charity“ nannte, als auch zu einem Stammhaus, das sie von einem Muslim erhielten, der ihre Arbeit bewunderte. Am Anfang waren sie nicht einmal ein Orden, sondern lediglich eine kleine Gemeinschaft von Frauen. Die Akkreditierung war ein schwieriger Prozess. Teresa, die liebevoll „Mutter“ genannt wurde, war klar, dass auch

Nächstenhilfe organisiert sein muss. Für die stetig steigende Zahl an Hospitälern und Hilfsstationen benötigte sie ausgebildete Leute. Daher müssen die Schwestern dringend einen Beruf erlernen, auch studierte Medizinerinnen und Juristinnen sind unter ihnen.

Für ihr eisernes Regime erntete sie nicht nur Lob. Sie galt als diszipliniert und zielstrebig, aber auch als herrisch und konsequent. Besitztum lehnte sie so drastisch ab, dass sogar der Vatikan eingreifen und ihr Programm glätten musste. Ihr Bruder Lazar behauptete schließlich: „Du könntest aus einer Militärakademie kommen."

Aber unbestritten war sie damit erfolgreich. Mit den Jahren ist ihre Mission von einer Person auf 4600 Nonnen angewachsen mit einem weltumspannenden Netzwerk. Allein in Indien sind 170 Stätten von ihr vorhanden. Ehrungen und Preise häuften sich an. Nach und nach erhielt sie alle wichtigen Preise, die es gibt, sowie zahlreiche Ehrendoktorwürden in Cambridge, Washington und Delhi. Und schließlich wurde ihr 1979 in Oslo auch der Friedensnobelpreis überreicht.

Bereits zuvor war sie für diesen nominiert worden, aber die Begründung gestaltete sich schwierig. Sie hatte ja keinen Krieg geschlichtet oder sonstige Friedensverhandlungen geführt, sie stand für Nächstenliebe und die Sorge um die Ärmsten der Armen. Doch nachdem der Nobelpreis einige Male anderweitig vergeben worden war, wuchs die Unterstützung für Mutter Teresa so stark an, dass sich das Nobelpreiskomitee nicht mehr gegen sie entscheiden konnte. Am 10. Oktober überreichte man ihr den Nobelpreis, obwohl sie ihn gar nicht verdiene, wie sie behauptete, da er den Armen gehöre, für die sie sorge. Bei der anschließenden Dankesrede griff sie die Staaten des Westens aufs Schärfste an. Ihr schmächtiges Äußeres stand im kompletten Widerspruch zu den energischen, bitteren Worten. Doch auch an ihr, besonders ihrer finanziellen Situation, mehrten sich Zweifel. Fraglich ist beispielsweise, warum sich der Orden immer standhaft weigerte, den Verbleib der riesigen Spendensummen offenzulegen.

Als erbitterte Gegnerin der Verhütung sprach sie sich gegen Kondome aus und verbot Abtreibungen auch im Falle von Inzest oder Vergewaltigung. Ihrer Popularität tat diese Kritik aber keinen Abbruch. Es gibt kaum ein Staatsoberhaupt, das sie nicht gerne empfangen hat, wie auch der Papst, der Dalai Lama und schließlich Lady Diana. Da war die Gesundheit Mutter Teresas bereits angegriffen. Mit ihr ging sie generell etwas ruppig um, Ratschläge und Rezepte vernichtete sie sofort. Wie zäh ihr Körper trotz der hohen Belastung war, hatte sie in den Jahren des Dauereinsatzes oft genug bewiesen. Dennoch wurde ihr Gesundheitszustand in den letzten Jahren kritisch. Zu Malaria, Blutgerinnseln im Gehirn oder einem chronischen Nierenleiden gesellten sich in den letzten Jahren auch Probleme am Herzen. 1990 wollte sie daher von ihrer Arbeit als Generaloberin zurücktreten, doch sie wurde wiedergewählt. Wer konnte sie auch ernsthaft ersetzen? Offiziell war ihre Dienstzeit schon seit Langem überschritten, doch sie als Gründerin und Flaggschiff der Mission der Nächstenliebe ließ man nur ungern gehen. So reiste sie weiter unermüdlich um die Welt. Einen lange gehegten Wunsch konnte sie sich endlich nach der Öffnung des Eisernen Vorhangs erfüllen: einen Besuch im Heimatland ihrer Eltern Albanien, welches obendrein das ärmste Land des Ostblocks war und in dem die Ausübung des Glaubens Menschen auf lange Zeit ins Gefängnis bringen konnte. Obwohl ihr Besuch eigentlich streng geheim bleiben sollte, wurde Mutter Teresa begeistert empfangen. Neben der Freude über den dankbaren Empfang berührte sie besonders die Entdeckung, dass ein Unbekannter das Grab ihrer Mutter und Schwester gepflegt hatte.

Schließlich musste ihr ein Herzschrittmacher eingesetzt werden. 1996 hatte sie drei Herzinfarkte, aus denen sie mit Elektroschocks wiederbelebt werden konnte. Von ihrem vierten Infarkt am 5. September 1997 konnte sie jedoch nicht mehr geheilt werden. Im Alter von 87 Jahren starb Mutter Teresa in Kalkutta. Ihre Organisation besteht weiter. 2003 erhielt Mutter Teresa erneut eine Ehrung, die nur posthum verliehen werden darf: Papst Johannes Paul II. erklärte sie zur Heiligen. In Albanien ist dieser Tag heute Nationalfeiertag.

Wir wissen, dass wir lernen müssen zu vergeben,
wenn wir wirklich lieben wollen.
Die Aussöhnung beginnt mit uns selbst,
nicht mit den anderen.

Der Gewalt widerstehen

Aung San Suu Kyi (geb. 1945)

Die Geschichte der Familie Aung San Suu Kyis ist eng mit der Birmas verwoben. Ihr Vater ist bis heute ein gefeierter Nationalheld und wird als einer der Befreier Birmas aus der britischen Kolonialherrschaft verehrt. Aung San ähnelt ihm sehr, wählte jedoch im Gegensatz zu ihm den gewaltfreien Widerstand, wofür sie die Lehren ihres Vorbildes Mahatma Gandhi heranzog. Allerdings musste sie bitter erfahren, wie gefährlich der Kampf für Freiheit und Demokratie ist. Drei Jahre nach ihrer Geburt wurde ihr Vater von einem Kumpanen erschossen, der den Ruhm für die Befreiung für sich beanspruchen wollte. Suu Kyi hat, wie sie selbst sagt, heute keine Erinnerung mehr an ihn.

Die Mutter führte das Lebenswerk ihres Mannes fort und erzog ihre drei Kinder zu Disziplin, die sogar so weit reichte, dass sie, als sie vom Tod ihres jüngsten Sohnes erfuhr, zunächst wie gewohnt ihren Dienst erledigte. Mit sechzehn verließ Aung San Suu Kyi zum ersten Mal birmesischen Boden, weil ihre Mutter als erste weibliche Botschafterin des Landes nach Delhi gesandt wurde. Diesem Umstand hatte Aung San Suu Kyi es zu verdanken, dass sie es nicht am eigenen Leib erfahren musste, wie sich ihr Land von einer offenen, hoffnungsfrohen Demokratie in eine Militärdiktatur verwandelte.

Sie hatte daher, als sie das renommierte College in Delhi mit Bravour verließ, zunächst keine Ambitionen, in ihr Heimatland zurückzukehren. Wie fast alle Kinder der Upperclass Delhis ging sie zum Studium nach Oxford, wo sie Kurse in Philosophie, Politik und Wirtschaftswissenschaften belegte.

Allerdings blieb sie dort „exotisch“. Während ihre Kommilitoninnen die freiheitsliebenden siebziger Jahre genossen, sich leger kleideten und die sexuelle Revolution auslebten, blieb sie in den Augen ihrer Kommilitoninnen seltsam und etwas prüde. Anstatt auf Partys zu gehen, zog sie vor allem die Bibliothek vor. Den Mann für ihr Leben hatte sie sowieso schon gefunden: den Tibetologen Michael Aris. Optisch waren die beiden ein eher ungewöhnliches Paar, ein groß gewachsener, blonder Engländer und die zierliche Birmesin, doch sie teilten die gleiche Leidenschaft. Zunächst aber musste die Hochzeit vor der Pflicht zurückstehen; Michael Aris wurde Übersetzer und Privatlehrer der königlichen Familie Bhutans, und sie ging nach New York. Eine Freundin vermittelte ihr dort eine Anstellung bei den Vereinten Nationen. Neben ihrer Tätigkeit im Finanzausschuss setzte sie auch hier die Familientradition – diesmal mütterlicherseits – fort und arbeitete in einem Krankenhaus als Helferin, um den von der Gesellschaft Ausgestoßenen zur Seite zu stehen.

Selbst im Exil zeigte sich, wie sehr Aung San Suu Kyi schon in den Fokus der birmesischen Machthaber gerückt war: Ihr Besuch auf Einladung des ständigen Repräsentanten Birmas glich eher einem Kreuzverhör, bei dem sie vom berüchtigten Geheimdienst ausgehorcht wurde. Doch schon zu dieser Zeit bewies sie eine überaus besonnene, ruhige Haltung. Sehr wohl fühlte sie sich hingegen bei dem damaligen Generalsekretär der Vereinten Nationen, U Thant, der ebenfalls aus Birma stammte.

Nach einigen Jahren bei der UN kehrte sie New York den Rücken und zog zu ihrem zukünftigen Mann nach Bhutan, nicht ohne vorher das buddhistische Ritual auszuüben, ihrem Verlobten 187 Briefe zu schreiben. Diese lesen sich teilweise wie eine düstere Vorahnung, als hätte sie von ihrem späteren Schicksal gewusst. Vor ihrer Hochzeit am 1. Januar 1971 nahm sie ihrem zukünftigen Mann auch das Versprechen ab, sie nach Birma zurückkehren zu lassen, „sollte mein Volk mich jemals brauchen.“ Nach einigen Jahren in Bhutan zog das junge Paar 1974 um, diesmal wieder nach Oxford, wo ihr Mann eine Stelle als Professor für Tibetologie angenommen hatte. Suu Kyi nutzte die Zeit, sich um ihre zwei 1973 und 1977 geborenen Söhne zu kümmern und ein Buch über Birma zu schreiben.

Mit einem einjährigen Forschungsstipendium reiste sie nach Kyoto, lernte japanisch und erforschte vor allem den Anteil ihres Vaters an der birmesischen Geschichte. Immer mehr verehrte sie ihn und führte diese Nachforschungen in Indien fort, wo mittlerweile auch ihr Mann arbeitete. Im Jahr 1988 wurde das Familienleben aber durch ein dramatisches Ereignis gestört. Suus Mutter erlitt in Birma einen Herzinfarkt; zum ersten Mal seit ihrer Kindheit kehrte Aung San Suu Kyi auf birmesischen Boden zurück. Diese Nachricht verbreitete sich in Birma wie ein Lauffeuer. Es wusste zwar niemand so recht, was von dieser Tochter zu halten war, die die meisten noch nie gesehen hatten, doch mit ihr kehrten die Erinnerungen an den Helden Aung San zurück. Außerdem war sie in einem Moment größter Unruhen zurückgekehrt. Gerade hatte sich der „Schlächter von Rangoon" an die Spitze dieser Militärdiktatur geputscht, und Birma war zu einem der ärmsten Länder der Welt heruntergewirtschaftet worden. Nicht einmal das Grundnahrungsmittel Reis war für die Mehrheit der Bevölkerung bezahlbar, obwohl das Land gemessen an den Bodenschätzen eines der reichsten Länder Asiens sein sollte. Am 8. August 1988 gipfelte die Situation in einen Generalstreik der Studenten. Massenproteste mit direkten Konfrontationen zwischen Soldaten und Studenten folgten, die das Land in den schlimmsten Zustand seit

der Unabhängigkeit stürzten. Immerhin konnte der „Schlächter“ zum Rücktritt gezwungen werden, doch die politische Situation Birmas war in der Schwebe.
Nun kehrte Aung San Suu Kyi auf die politische Bühne zurück mit einer Rede, die sie am 28. August 1988 vor über einer halben Million Menschen hielt und die der Opposition neue Zuversicht gab.
Einen knappen Monat herrschte in Birma tatsächlich eine Art Demokratie, die am 18. September aber mit der Ermordung von einigen tausend Studenten wieder vorüber war. Suu reagierte mit der Gründung der NLD, der „Nationalen Liga für Demokratie“. Einen eigenen Wahlkampf konnte sie nicht führen, denn einige Tage nach dem Tod ihrer Mutter begann ihre Unterdrückung.
Besonders dramatisch wurde die Situation am 5. April 1989. An diesem Tag stellten sich ihr einige Soldaten in den Weg, mit direkt auf sie gerichteten entsicherten Waffen, auf die sie mutig zuschritt. Im letzten Augenblick wurde der Schießbefehl zurückgezogen. Sie wurde aber unter Hausarrest gestellt, der bis heute nahezu ununterbrochen andauert. Natürlich wurde der gigantische Sieg der NDL, den sie 1990 für sich beanspruchen konnte, nicht anerkannt, und natürlich durfte Aung San Suu Kyi nicht ausreisen, um den Friedensnobelpreis entgegenzunehmen, der ihr am 10. November 1991 verliehen wurde. Die birmesischen Machthaber diffamierten ihn als „unzulässige Einmischung in Birmas innere Angelegenheiten“. Außer durch das Radio hatte sie keinen Kontakt zur Außenwelt, musste nach und nach die Einrichtung ihres Hauses verkaufen und war wegen Unterernährung zeitweise nicht in der Lage, ihr Bett zu verlassen.
1995 schien es tatsächlich zu einer Verbesserung der Umstände zu kommen. Für kurze Zeit wurde der Hausarrest aufgehoben, und nach langer Zeit konnte sie ihren Mann und ihre Kinder wiedersehen. Ein Jahr später war diese Entspannung jedoch schon wieder vorbei. Ihre Straße wurde wieder gesperrt, politische Aktivitäten unterbunden. Als ihr Mann erfuhr, dass er unheilbar erkrankt war, wurde ihm ein letzter Besuch bei seiner Frau verwehrt. Er starb am 27. März 1999, ohne seine Frau wiedergesehen zu haben.

Nicht Macht
korrumpiert die Menschen,
sondern Furcht.

Die Stimme ihres Volkes

Rigoberta Menchú (geb. 1959)

Die Leiden der Guatemaltekin Rigoberta Menchú sind beispielhaft für das Elend der Ureinwohner Lateinamerikas. Als Kämpferin für die Rechte der Nachfahren der Maya ist sie die Stimme ihres unterdrückten Volkes.

Die ersten Repressalien begannen schon mit ihrer Geburt. Eigentlich sollte sie in der Sprache ihrer Vorfahren M´in heißen, doch als der Vater sie am 9. Januar 1959, fünf Tage nach ihrer Geburt, anmelden wollte, wurde ihm dies verboten. Seine Tochter musste einen europäischen Namen erhalten. Wie die meisten Familien war auch die Rigobertas sehr kinderreich, doch von ihren neun Geschwistern starben bereits drei in ihrer Jugend. Der ältere Bruder Felipe ging an den giftigen Pflanzenschutzmitteln, denen die Arbeiter schutzlos ausgeliefert waren, zugrunde. Nicolas, der jüngste, starb mit zwei Jahren qualvoll an Unterernährung. In Guatemala ist dies brutaler Alltag. Über ein Drittel der Kinder stirbt vor dem 15. Lebensjahr, die Lebenserwartung beträgt auf dem Land 41 Jahre. Diese wenigen Jahre werden von der Arbeit auf den Plantagen bestimmt. Acht Monate lang schuften die sogenannten „Indígenas", wie die Ureinwohner auch genannt werden, auf den Ländereien, die zu 70% den oberen zwei Prozent der Bevölkerung gehören.

Rigoberta begann schon mit fünf Jahren, zum Lebensunterhalt der Familie beizutragen. Kontakt zu anderen Plantagenarbeitern gab es wenig, denn die harte Arbeit, die um drei Uhr morgens begann und fünfzehn Stunden dauerte, dem Wetter schutzlos ausgesetzt, raubten den Arbeitern alle Kraft. Hin-

zu kam der Bürgerkrieg zwischen der Guerilla und der Militärdiktatur, der nur ein Jahr nach ihrer Geburt ausbrach und das Land in noch größere Unruhen stürzte.
Auf den Plantagen lernte Rigoberta am eigenen Leib, was es bedeutet, eine Indígena zu sein: „Ich hatte keine Kindheit, ich hatte keine Jugend, ich hatte nicht genug zu essen, ich hatte nichts." Ihr Vater lebte vor, dass man sich damit nicht abfinden darf; er war bereit, den Kampf aufzunehmen und vertrat die Interessen seines Dorfes gegen die Machthaber. Problematisch auf dem Weg zur Vereinigung der Indígenas war jedoch deren Zerrissenheit, denn sie bilden keine homogene Gruppe, sondern sind in kleine Stämme unterteilt mit mindestens 22 verschiedenen Sprachen. Zudem lenkte seine Aktivität das Augenmerk der Regierung auf die Familie Menchú. Für die Kritiker galten sie als Mitglieder der Guerilla. Halt und Kraft für diesen Kampf fand die Familie bei der Kirche. Zwar war ihr Vater in der katholischen Kirche sehr aktiv, während die Mutter den Glauben ihrer Urahnen praktizierte, doch einen Konflikt gab es deswegen nie. Auch Rigoberta wurde tiefgläubige Katholikin und lehrte als Laien-Religionslehrerin Jüngere die Gleichnisse der Bibel. Doch sie erkannte auch, dass die Kirche aus zwei Lagern besteht: der Kirche der reichen Oberschicht, deren Priester sich an den Landarbeitern nicht die Finger schmutzig machen wollen, und den Nonnen und Priestern, die ihr Streben nach besseren Bedingungen unterstützen. Ihr erster Versuch, durch Bildung die Situation zu verändern, scheiterte.
Um etwas Spanisch zu lernen und so mit den Oberen kommunizieren zu können, ging sie mit 13 Jahren auf eigene Faust als Hausmädchen in die Hauptstadt, doch die Erfahrung war eine bittere Enttäuschung: „Selbst Tiere werden besser behandelt", urteilte sie. Ein Jahr später kehrte sie wieder zurück, genau rechtzeitig, um dem Vater beizustehen, der von den Behörden als „politischer Gefangener" eingesperrt und misshandelt wurde. In der Tat gab es ein Ereignis, das Rigoberta fast zum bewaffneten Kampf gebracht hätte. Mit achtzehn wurde ihr zwei Jahre jüngerer Bruder Petrocinio als angeblicher Kommunist festgenommen, auf unvorstellbar bestialische Art und Weise gefoltert und anschließend auf dem Marktplatz verbrannt – vor den Augen Rigobertas.
Sie war kurz davor, sich den Guerillas anzuschließen, doch mit ihrem Vater entschied sie sich für den friedlichen Widerstand. Dort wurde sie immer wichtiger, lernte andere Mayasprachen, bereiste Bergdörfer und konnte in einem Kloster endlich etwas Spanisch lernen, was sie sofort an andere Indí-

genas weitergab. Als 1978 mit ihrem Vater eine organisierte Gruppe der Bauern gegründet wurde, stand es für sie außer Frage, dort mitzuarbeiten. Ihr Engagement forderte jedoch einen hohen persönlichen Preis. Zu ihren Eltern durfte sie aus Sicherheitsgründen keinen Kontakt haben, denn die Armee war weiterhin auf der Suche nach ihnen. Gegen eine Heirat mit ihrem Jugendfreund, den sie liebte, entschied sie sich, da sie es ihren Kindern nicht zumuten wollte, unter diesen Bedingungen zu leben. Immer wieder wurde ihr Widerstand auf die Probe gestellt. Eigentlich sollte der Besuch in der spanischen Botschaft, den ihr Vater am 31. Januar 1980 vornahm, eine friedliche Aktion werden. Mit 28 Mitstreitern wollte er an den spanischen Botschafter herantreten, um über ihn die Situation der Indígenas der Weltöffentlichkeit publik zu machen, doch die Militärregierung schreckte nicht davor zurück, spanisches Territorium zu bombardieren. Das Resultat waren 39 Tote, darunter auch Rigobertas Vater. Lediglich der spanische Botschafter konnte mit Mühe und Not entkommen. Die Beziehungen zwischen den Ländern wurden vorerst auf Eis gelegt.

Doch es kam noch schlimmer. Auch ihre Mutter fiel in die Hände der Militärdiktatur und starb nach zwei Wochen unvorstellbaren Martyriums. Die bereits unerträgliche Situation für die Indígenas spitzte sich nach einem Machtwechsel noch weiter zu und mündete in völkermordgleiche Zustände. Sobald in irgendeinem Gebiet ein Guerillakämpfer vermutet wurde, machte die Regierung das Gebiet mit Bomben und Napalm dem Erdboden gleich.

Als sie 1981 selbst nur knapp der Verhaftung entging, weil sie sich in eine nahe gelegene Kirche flüchtete und dort versteckte, erkannte sie, dass sie in Guatemala nicht mehr bleiben konnte. Nur äußerst unwillig verließ sie ihre geliebte Heimat, denn es kam für sie einem Aufgeben gleich. „Ich fühlte mich so zerstört und vernich-

Evo Morales – bolivianischer Politiker und Staatspräsident – mit der Bürgerrechtlerin Rigoberta Menchú

tet wie noch nie." In Mexiko, ihrem Zufluchtsort, fühlte sie sich immer fremd. Zunächst musste sie die psychischen Folgen des Todes ihrer Eltern verarbeiten, die sich in einer schweren Krankheit äußerten. Aufgegeben hat sie trotzdem nicht. Stattdessen reiste sie als Repräsentantin der guatemaltekischen Exilopposition zu den Vereinten Nationen nach Genf und New York, wo sie allerdings niemand anhören wollte, schließlich war die Militärdiktatur Guatemalas auf Betreiben der USA an die Macht gekommen.

Erst nach dem beachtlichen Erfolg ihrer Autobiografie „Ich, Rigoberta Menchú", die sie in mühsamer Arbeit mit Hilfe einer Anthropologin verfasst hatte, wurde sie angehört. Als sie 1988 nach Guatemala reiste, wurde sie noch auf dem Flughafen festgenommen. Nur durch internationalen Druck wurde sie wieder freigelassen.

Vier Jahre später wurde ein zweideutiges Jubiläum gefeiert: Die 500 Jahre zurückliegende Entdeckung Amerikas, für die Indígenas der Beginn ihrer Unterjochung und für Rigoberta Menchú Anlass, mit anderen Ländern mit dem Programm „500 Jahre Widerstand der Indígenas und des Volkes" dagegenzuhalten. Besonderen Ausdruck bekam dieses Gegenprogramm durch die Auszeichnung Rigoberta Menchús: Als mit 33 Jahren bisher jüngste Preisträgerin wurde ihr am 10. Oktober 1992 auf Initiative der italienischen Regierung der Friedensnobelpreis verliehen, für sie eine Chance, „das Schweigen über den Massenmord und die Repression zu durchbrechen." Sie ist aber realistisch genug, zu erkennen, dass es für ihr Volk noch ein langer Weg zur Anerkennung ist. Das Jahr 1993 riefen die Vereinten Nationen zum „Jahr der indigenen Völker" aus.

1998 deckte der Amerikaner Stoll Unregelmäßigkeiten in ihrer Autobiografie auf. Sie selbst erklärte dazu, bewusst Erfahrungen ihres Volkes in ihre Biografie eingebaut zu haben, um nicht nur ihr eigenes Leben, sondern das kollektive Leiden ihres Volkes darzustellen. Von Kritik hat sie sich noch nie unterkriegen lassen. 2007, als sie für die Präsidentschaft kandidierte, erhielt sie zwar nur drei Prozent der Stimmen, aber sie wird es bestimmt wieder versuchen, denn sie ist „nicht bereit, Guatemala aufzugeben."

Ich blicke in den Himmel
und ich stehe
mit beiden Beinen auf der Erde.

Der lange Weg zur Freiheit

Nelson Mandela (geb. 1918)

Normalerweise ist jemand, der als Sohn eines Königsgeschlechts geboren wird, mit zahlreichen Privilegien ausgestattet. Doch als Nelson Rolihlahla Mandela am 18. Juli 1918 auf dem Stammesgebiet der Xhosa im südöstlichen Teil Südafrikas, der Transkei, geboren wurde, hatten sich die Zeiten geändert. Die einst stolzen Stammeshäuptlinge wurden durch weiße Provinzregierungen bevormundet, und die westliche Lebensweise stellte tausendjährige Traditionen und Werte in Frage. Diese umstürzenden Entwicklungen verursachten bei Mandela eine Phase der Orientierungslosigkeit; überkommene Stammesriten und staatliche Bevormundung engten ihn ein. Daher fasste er anlässlich einer arrangierten Hochzeit mit einer ihm unbekannten Frau den Entschluss, die Enge und Widersprüchlichkeit seiner Heimat hinter sich zu lassen und ins tausend Kilometer entfernte Johannesburg zu flüchten.

Die Wirkung der Metropole auf den dreiundzwanzigjährigen Neuling aus der Provinz war überwältigend. Die Stadt war ein wahrer Schmelztiegel, in dem die Kulturen Südafrikas aufeinander trafen. Jedoch war die strikte Trennung zwischen weißen Siedlern und schwarzen Afrikanern allgegenwärtig. Während die weiße Minderheit Industrie und Ressourcen des Landes kontrollierte, war die schwarze Bevölkerung von wirtschaftlicher und politischer Betätigung nahezu komplett ausgeschlossen. Zudem durften sie nur in den Randgebieten der Städte wohnen, den Townships. Da Dürreperioden und Arbeitslosigkeit große Teile der schwarzen Landbevölkerung dazu bewogen hatten, ihr Glück in der Stadt zu suchen, waren diese Bezirke völlig übervölkert. Hunderttausende lebten daher in Behausungen aus Wellblech und Pappkartons, ohne Infrastruktur. In diesen Elendssiedlungen, die von Armut, Hoffnungslosigkeit und Kriminalität geprägt waren, landete 1940 auch Mandela. Dank seiner Bildung, die er als Häuptlingssohn genießen konnte, gelang es ihm, einen Praktikumsplatz bei einer weißen Anwaltskanzlei zu erlangen. Dies stellte den ersten Schritt zu seinem erfolgreichen Jurastudium dar, das zu Mandelas Zulassung als Anwalt führte.

Parallel zu seinem neuen Beruf begann Mandela, ein ausgeprägtes Interesse für Politik zu entwickeln. So schloss er sich 1944 einer Gruppe junger Schwarzer an, die wie er die Zustände als unerträglich empfanden und erstmals gegen ihre Unterdrücker aufbegehrten. Politische Heimat wurde daher der African National Congress (ANC), eine 1909 gegründete Interessenvertretung schwarzer Südafrikaner, deren Jugendorganisation Mandela mit gründete und danach entscheidend prägte.

Die Parlamentswahlen des Jahres 1948 bedeuteten dann einen tiefen Einschnitt für Nelson Mandela. Ein deutlicher Sieg der rechtsextremen Nationalen Partei bewirkte, dass an die Stelle der bisherigen Rassentrennung die sogenannte Apartheid trat, eine deutliche Verschärfung der bisherigen Regelung durch menschenverachtende Gesetze, die die „Rassenreinheit“ gewährleisten sollten. Der schwarzen Bevölkerung wurde ihr Selbstbestimmungsrecht entzogen, sie wurde von dem gesellschaftlichen Leben nahezu ausgeschlossen. Der ANC und andere oppositionelle Gruppen antworteten mit einem Aktionsprogramm, das zivilen Ungehorsam in Form von Streiks, Boykotts und Gesetzesmissachtungen beinhaltete.

Seine große athletische Gestalt, sein gebildetes Auftreten sowie seine durch zahlreiche Gerichtsverhandlungen als Anwalt geschliffene Rhetorik machten Mandela zu einem großen Charismatiker, der die Menschen begeistern konnte. Er hatte erkannt, dass angesichts der militärischen und polizeilichen Übermacht der Regierung nur gewaltloser Widerstand zum Erfolg führen konnte. Die Aktionen waren ein politischer Erfolg, denn erstmals schöpften die schwarzen Südafrikaner Hoffnung und begannen, sich politisch zu organisieren.

Die Regierung hatte jedoch eine effektive Gegenmaßnahme entwickelt. Sämtliche Leiter des Widerstands wurden mit einem „Bann“ belegt, der bedeutete, dass die jeweilige Person nicht mehr öffentlich auftreten und die Stadt nicht verlassen durfte. Wer gegen den Bann verstieß, wurde zu lebenslanger Freiheitsstrafe verurteilt. Als auch Mandela

gebannt wurde, musste er sich aus der öffentlichen Politik zurückziehen.
So gründete er 1952 zusammen mit seinem langjährigen Weggefährten Oliver Tambo die erste „schwarze" Kanzlei Südafrikas. Die repressive Gesetzgebung der rassistischen Regierung, die zu unzähligen Prozessen gegen schwarze Südafrikaner führte, sowie Mandelas und Tambos exzellente Rechtskenntnisse sorgten dafür, dass die beiden Juristen die Arbeit kaum bewältigen konnten. Doch auch im Hintergrund wirkte Mandela im Widerstand weiter. So war er weiterhin an Planungen und Publikationen beteiligt. Daher wurde er mehrfach von der Regierung verhaftet und angeklagt. Zwar wurde Mandela freigesprochen, doch die Gerichtsverhandlungen hinterließen Spuren und erschütterten seinen Glauben an den Rechtsstaat. Mandela war nun bereit, sein Leben ganz seinem Volk und dem Freiheitskampf zu widmen. Direkt nach der Urteilsverkündung tauchte er unter und ging in den Untergrund. Er war fortan ständig auf der Flucht und musste sowohl seine Verkleidung als auch seine Unterkunft täglich wechseln. Das gewaltsame Einschreiten der Regierung gegen die Protestbewegung, bei dem zahlreiche schwarze Südafrikaner ihr Leben lassen mussten, veranlasste Mandela dazu, seine Einstellung zur

Nelson Mandela 1966 im Gespräch mit Walter Sisulu, dem Generalsekretär des ANC, während der Haft auf Robben Island

Gewalt zu revidieren und eine bewaffnete Widerstandsgruppe namens Umkhonto (dt.: „Speer der Nation“) zu gründen. Nun war er endgültig zum unangefochtenen Führer des Widerstands gegen die Apartheid geworden.

Nach einer Afrikareise, die er unternahm, um die Unterstützung anderer Regierungschefs zu erhalten, wurde Mandela verhaftet und als „Angeklagter Nummer eins“ mit seinen Weggefährten vor Gericht gestellt. Die Angeklagten wurden zu lebenslangen Freiheitsstrafen verurteilt und auf die Gefängnisinsel Robben Island zehn Kilometer vor dem Kap der Guten Hoffnung gebracht. Zwar waren die kalte Witterung und die Zwangsarbeit im Steinbruch kaum zu ertragen, doch machte die Trennung von seiner Familie Mandela noch mehr zu schaffen. So konnte er seine eigene Tochter erst nach 22 Jahren zum ersten Mal sehen.

Auch wenn sich über die Jahre die physischen Haftbedingungen langsam besserten, so war die psychische Folter durch die jahrzehntelange Isolation menschenverachtend. In Südafrika eskalierte derweil die Situation zunehmend. Die Gewalt in den Townships war unkontrollierbar, während die immensen Kosten für den Sicherheitsapparat und internationaler Druck die Apartheid ins Wanken brachte. Während sich der politische Druck verschärfte, gewannen innerhalb der Regierung gemäßigte Strömungen immer mehr Einfluss. So suchte die Regierung erstmals das Gespräch mit Mandela. Dies führte dann am 11. Februar 1990 zur Entlassung Mandelas aus der Gefangenschaft – nach 27 Jahren.

Doch wer einen verbitterten, durch die Jahrzehnte der Isolationshaft unversöhnlich und rachsüchtig gewordenen Mann befürchtet hatte, kannte nicht Mandelas einzigartigen und gütigen Charakter. Mehr denn je wollte er die Völker Südafrikas zusammenführen und versöhnen.

Aus den ersten demokratischen Wahlen in der Geschichte Südafrikas ging er 1993 als Präsident hervor. Für sein bemerkenswertes Engagement wurde er in demselben Jahr mit dem Friedensnobelpreis ausgezeichnet. Auch nach dem Ende seiner Präsidentschaft im Jahre 1997 bleibt er politisch engagiert und setzt sich weiterhin für Menschenrechte ein. So ist er auch ein deutlicher Kritiker des Irakkrieges.

Wenn du Frieden
mit deinem Feind haben möchtest,
musst du mit deinem Feind arbeiten.
Dann wird er dein Partner.

Der Autor

Werner Milstein, geboren 1955 in Gronau/Westfalen, aufgewachsen im Münsterland und in Erwitte bei Lippstadt; Studium der Theologie und Philosophie in Münster und Göttingen, von 1986 bis 2008 Gemeindepfarrer in Rahden/Westfalen; jetzt Programmleiter. Werner Milstein lebt in Hamburg und ist durch zahlreiche Veröffentlichungen bekannt.

Bildnachweis

Umschlag: Martin Luther King: © ullstein bild – TopFoto;
alle anderen Umschlagbilder vgl. Angaben zu den jeweiligen Innenseiten
Seite 3, 4, 16, 20: © akg-images
Seite 6, 22: © ullstein bild – ullstein bild
Seite 12: © ullstein bild
Seite 15: © ullstein bild – Röhnert
Seite 18: © Association Internationale Albert Schweitzer (AISL), Gunsbach
Seite 24: © ullstein bild – amw
Seite 26, 34: © ullstein bild – AP
Seite 28: © ullstein bild – Klaus Rose
Seite 30: © ullstein bild – AISA
Seite 32: © ullstein bild – KPA
Seite 36, 38, 42: © ullstein bild – Reuters
Seite 40, 44: © ullstein bild – ddp
Seite 46: © ullstein bild – dpa

Bildbeschreibung

Seite 3: Medaille des Friedensnobelpreises. Vorderseite: Bildnis Alfred Nobels,
Rückseite: Allegorie des Friedens und der Brüderlichkeit

www.agentur-rauhes-haus.de

Umschlaggestaltung: Christine Paxmann, München
Satz und Litho: DTP-Team Rau GmbH, Hannover
Schrift: Limerick, Sabon
Druck und Bindung: L.E.G.O., Vicenza, Italien

Der Umwelt zuliebe gedruckt auf chlorfrei gebleichtem Papier.

ISBN 978-3-7600-1547-7
Best.Nr. 1 1547-7